나혼자 끝내는
# 프랑스어 단어장

**나혼자 끝내는 프랑스어 단어장**

지은이 김정란
펴낸이 임상진
펴낸곳 (주)넥서스

초판 1쇄 발행 2017년 10월 30일
초판 7쇄 발행 2023년 6월 1일

출판신고 1992년 4월 3일 제311-2002-2호
주소 10880 경기도 파주시 지목로 5
전화 (02)330-5500 팩스 (02)330-5555

ISBN 979-11-6165-155-2 13760



www.nexusbook.com

# 나혼자 끝내는 프랑스어 단어장

김정란 지음

넥서스

# 프랑스어 단어 암기비법

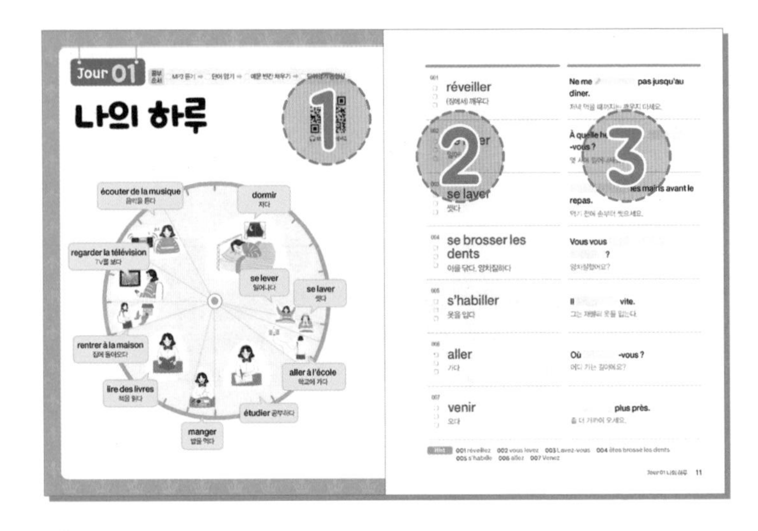

## 1단계 MP3를 들으며 발음 확인

먼저 MP3를 듣고, 단어의 발음을 확인하세요. 스마트폰으로 QR 코드를 스캔하면 MP3 파일을 바로 들을 수 있습니다. 넥서스 홈페이지에서도 MP3 파일을 무료로 다운받을 수 있습니다.

**무료 다운** www.nexusbook.com

## 2단계 핵심 단어에 눈도장 콱!

001~587의 번호가 붙어 있는 핵심 단어를 먼저 외우세요. 복습할 때는 한 손으로 단어 뜻을 가리고, 프랑스어만 보고서 뜻을 맞혀 보세요. 복습한 단어는 체크 박스에 V 표시를 하세요.

## 3단계 예문 빈칸 채우기

핵심 단어를 2회 반복 암기한 다음에는 예문의 빈칸에 단어를 직접 써 보세요. 손으로 직접 써 보면 눈으로만 외우는 것보다 훨씬 기억에 오래 남습니다.

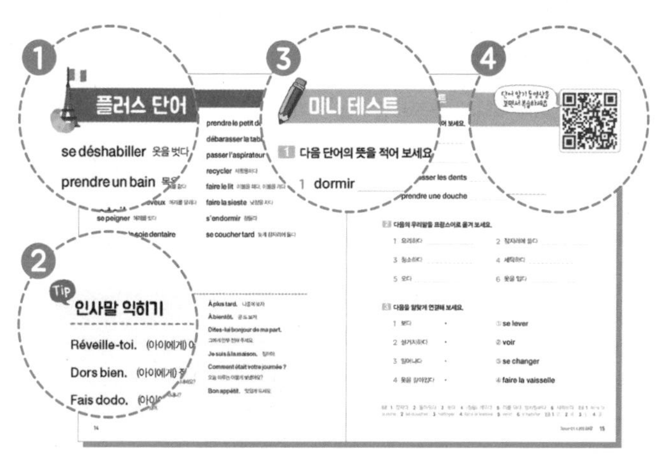


### ❶ ❷ 플러스 단어와 Tip으로 어휘력 보강

핵심 단어를 외운 다음에 좀 더 난이도가 있는 단어에 도전해 보세요. 일상생활에서 활용도가 높은 단어들입니다.

### ❸ 미니 테스트로 실력 확인

문제를 풀면서 실력을 확인해 보세요.

### ❹ 단어암기 동영상으로 복습

세 번 봤는데도 단어가 잘 안 외워진다고요? 그렇다면 단어암기 동영상을 무한 반복해서 보세요. 깜빡이 학습법으로 단어를 자동 암기할 수 있도록 도와줍니다.

**무료 다운** www.nexusbook.com

스마트폰으로 책 속의 QR코드를 스캔하면
**MP3 파일**과 **단어암기 동영상**을 확인할 수 있어요.

먼저 MP3 파일을
들어 보세요.

단어암기 동영상으로
무한 반복 복습!

# 자가진단 독학용 학습 플래너

이 책은 30일 만에 약 2,000개의 프랑스어 단어를 암기할 수 있도록 구성되어 있습니다. 학습 플래너에 공부한 날짜를 적고 체크 박스에 V 표시를 하며 공부하세요. 외운 단어를 잊어버리지 않는 방법은 여러 번 반복해서 외우는 것밖에 없습니다. 특히 초급 단계에서는 어휘력이 곧 프랑스어 실력이니 프랑스어를 잘하기 위해서는 단어 암기가 매우 중요합니다.

공부 순서 ☑MP3 듣기 ➡ ☐ 단어 암기 ➡ ☐ 예문 빈칸 채우기 ➡ ☐ 단어암기 동영상

| | Day | Page | 공부한 날 | 복습 | | | 단어암기 동영상 |
|---|---|---|---|---|---|---|---|
| | | | | 1회 | 2회 | 3회 | |
| ★ | 알파벳 및 발음<br>핵심 문법 정리 | 010 | 월 일 | ✓ | ✓ | ✓ | |
| 01 | ★★★<br>나의 하루 | 020 | 월 일 | ✓ | ✓ | ✓ | ▶ |
| 02 | ★★★<br>학교에서 | 026 | 월 일 | ✓ | ✓ | ✓ | ▶ |
| 03 | ★★★<br>회사에서 | 034 | 월 일 | ✓ | ✓ | ✓ | ▶ |
| 04 | ★★★<br>가족과 지인 | 040 | 월 일 | ✓ | ✓ | ✓ | ▶ |

| | | | | | | | |
|---|---|---|---|---|---|---|---|
| 14 | ★★★ 쇼핑 | 106 | 월 일 | ✓ | ✓ | ✓ | |
| 15 | 교통 · 도로 | 112 | 월 일 | ✓ | ✓ | ✓ | |
| 16 | 은행, 우체국, 편의점에서 | 120 | 월 일 | ✓ | ✓ | ✓ | |
| 17 | 병원에서 | 128 | 월 일 | ✓ | ✓ | ✓ | |
| 18 | ★★★ 여행 | 136 | 월 일 | ✓ | ✓ | ✓ | |
| 19 | 공항에서 | 142 | 월 일 | ✓ | ✓ | ✓ | |
| 20 | 취미 생활 | 148 | 월 일 | ✓ | ✓ | ✓ | |
| 21 | 운동 · 스포츠 | 154 | 월 일 | ✓ | ✓ | ✓ | |
| 22 | 컴퓨터 · 인터넷 | 160 | 월 일 | ✓ | ✓ | ✓ | |

# 프랑스어 알파벳 및 발음

프랑스어는 발음 규칙만 알면 다 읽을 수 있다. 한국어처럼 자음과 모음을 합쳐 발음하고 다음 규칙대로 자음과 자음, 모음과 모음이 만났을 때 달라지는 발음을 익히면 된다.

| | | |
|---|---|---|
| A/aàâ [아] | a / à / â [아] | ma [마] 나의 à [아] ~에서, ~로 |
| | ai [애] | mais [매] 그러나 |
| | ain [앵] | pain [빵] 빵 |
| | an / am [엉] | maman [마멍] 엄마 |
| | ay [애이] | pays [빼이] 나라 |
| | au / eau [오] | café au lait [까페올래] 밀크커피 peau [뽀] 피부 |
| B/b [베] | b [ㅂ] | baguette [바게뜨] 바게트 |
| C/c [쎄] | c [ㄲ] | a, o, u, 자음 앞, 단어 끝<br>café [까페] 커피 coq [꼭] 수탉 clé [끌레] 열쇠<br>avec [아벡] 함께 |
| | c [ㅆ] | e, i, y 앞, ç<br>ceci [쓰씨] 이것 cycle [씨끌] 순환 ça [싸] 그것 |
| | ch [슈] | chat [샤] 고양이 chien [쉬앵] 강아지, 개 |
| | cr [ㅋ ㅎ] | croissant [크후아썽] 초승달, 크루아상(빵) |
| D/d [데] | d [ㄷ] | dodo [도도] 잠 |
| E/e [으] | e [으/에/애] | de [드] ~의, ~로 부터 des [데] 부정관사 복수형<br>vert [배흐] 녹색 |
| | é [에] | 닫힌 에, 음절이 끝날 때<br>bébé [베베] 아기 |
| | è / ê / ë [에/애] | 열린 애, 같은 음절에서 뒤에 발음될 것이 있을 때<br>mère [매흐] 어머니 bête [벳] 짐승 Noël [노엘] 크리스마스 |
| | ei [애] | pleine [쁠랜] 가득한 |

| | | |
|---|---|---|
| | emm [암] | m이 두 개 겹친 앞에서 e는 '아'로 발음한다.<br>**femme** [팜] 여자, 아내 **évidemment** [에비다멍] 분명히 |
| | en / em [엉] | **enfant** [엉펑] 아이 |
| | -ez / -et / -er [에] | **assez** [아쎄] 충분히 **secret** [쓰크헤] 비밀<br>**danser** [덩쎄] 춤추다 |
| | ex [에그즈] | ex + 모음<br>**exemple** [에그정쁠] 예 |
| | ex [엑쓰] | ex + 자음<br>**expression** [엑쓰프헤씨옹] 표현, 표출 |
| | eu / œu [외/왜] | **bleu** [블뢰] 파란 **heure** [왜흐] 시간 **sœur** [쐐흐] 여자 형제 |
| F/f [에프] | f [ㅍ (살짝 입술을 물며)] | **fou** [푸] 미친 |
| G/g [줴] | g [ㄱ] | a, o, u, 자음 앞, 단어 끝<br>**gare** [갸흐] 기차역 **goût** [구] 맛, 기호 |
| | g [쥬] | e, i, y 앞<br>**gigot** [쥐고] 넓적다리 고기 |
| | gu [ㄱ] | **guerre** [게흐] 전쟁 |
| | gn [뉴] | **cognac** [꼬냑] 꼬냑 |
| H/h [아슈] | 어느 경우든<br>h는 소리 나지 않는다. | **cahier** [까이에] 공책<br>사전에서 h 앞에 +가 있는 것은 유음이며, 없는 것은 무음이다.<br>+h = 유음 : 자음으로 취급된다.<br>h = 무음 : 모음으로 취급되므로 축약하거나 연음해야 한다.<br>**l'homme** [롬] 남자 **les hommes** [레좀] 남자들<br>**le héros** [르에호] 영웅 **les héros** [레에호] 영웅들 |
| I/iïî [이] | i [이] | **idiot** [이디오] 바보 |
| | ill [이으] | **fille** [피으] 소녀 **famille** [파미으] 가족 |
| | in / im [앵] | **intérêt** [앵떼헤] 관심, 이익 **impossible** [앵뽀씨블] 불가능한 |
| J/j [쥐] | j [쥬] | **jouet** [쥬에] 장난감 |

| | | |
|---|---|---|
| K/k [까] | **k** [ㄲ] | **kilo** [낄로] 킬로 |
| L/l [엘] | **l** [ㄹ] | **loup** [루] 늑대 |
| M/m [엠] | **m** [ㅁ] | **maman** [마멍] 엄마 |
| N/n [엔] | **n** [ㄴ] | **nana** [나나] 정부, 아가씨, 여자 |
| O/oô [오] | **o / ô** [오] | **or** [오흐] 금 **tôt** [또] 일찍 |
| | **oi** [우아] | **moi** [무아] 나 **mademoiselle** [마드무아젤] 아가씨, 양 |
| | **oin** [우앵] | **soin** [쑤앵] 정성 |
| | **on / om** [옹] | **ombre** [옹브흐] 그늘 **nom** [농] 이름 **non** [농] 아니, 아니오 |
| | **ou** [우] | **ou** [우] 또는 **où** [우] 어디 |
| | **oy** [우아이] | **voyage** [부아야쥬] 여행 |
| P/p [뻬] | **p** [ㅃ] | **pomme** [뽐] 사과 |
| | **ph** [ㅍ (살짝 입술을 물며)] | **photo** [포또] 사진 |
| | **pr** [ㅍ ㅎ] | **prix** [프히] 가격, 상 **printemps** [프행떵] 봄 |
| Q/q [뀌] | **q** [ㄲ] | **cinq** [쌩끄] 숫자 5 |
| | **qu** [ㄲ] | **qui** [끼] 누구 **quelque** [껠끄] 어떤 |
| R/r [에흐] | **r** [ㅎ (목젖을 울려서)] | **rare** [하흐] 드문 |
| S/s [에쓰] | **s** [ㅆ] | **six** [씨쓰] 숫자 6 **poisson** [뿌아쏭] 생선, 물고기 |
| | **s** [ㅈ] | 모음과 모음 사이에 s가 혼자 있을 때, 연음될 때<br>**poison** [뿌아종] 독, 독약 **les amis** [레자미] 친구들 |
| T/t [떼] | **t** [ㄸ] | **tonton** [똥똥] 아저씨, 삼촌 |
| | **tr** [ㅌ ㅎ] | **très** [트해] 매우 **trop** [트호] 너무, 지나친 |
| U/uùûü [위] | **u / ù / ü / û** [위(발음 후 입술 벌리지 X)] | **nu** [뉘] 벗은 |
| | **un / um** [앵] | **parfum** [빠흐팽] 향기 **un** [앵] 숫자 1, 하나 |

| | | |
|---|---|---|
| V/v [베] | v [ㅂ(아랫입술을 물고)] | vie [비] 인생, 삶 |
| W/w [두블르베] | w [ㅂ(아랫입술을 물고)] | wagon [바공] 기차 |
| | w [우] | week-end [위껜드] 주말 |
| X/x [익쓰] | x [ㅋㅅ] | taxi [딱씨] 택시 |
| | x [ㅈ] | sixième [씨지앰] 6번째의 |
| | x [쓰] | six [씨쓰] 숫자 6, 여섯 |
| Y/y [이그혝] | y [이] | système [시스뗌] 체계, 제도 |
| | ym [앵] | symbole [쌩볼] 상징 |
| Z/z [제드] | z [ㅈ] | zapper [자뻬] TV 리모컨으로 채널을 이리저리 돌리다 |

## 모음생략, 축약

무음 e(또는 la)는 뒤에 따라오는 단어가 모음으로 시작될 경우 생략된다.

예 **le élève → l'élève** [렐레브] 제자, 학생

예 **la école → l'école** [레꼴] 학교

## 연음

프랑스어는 대부분 단어의 끝 자음을 발음하지 않는다.

예 **Paris** [빠히] 파리

하지만 c / r / f / l / q가 단어 끝에 나오면 자주 발음된다.

예 **sac** [싹] 가방 **sportif** [쓰뽀흐띠프] 운동을 잘하는

또한 뒤에 나오는 철자가 모음일 경우 연음되어 끝 자음이 발음될 수 있다.

예 **petit ami** [쁘띠따미] 남자친구, 애인

연음 시에는 발음이 달라질 수 있다.

예 **mes enfants** [메정펑] 나의 아이들 **dix euros** [디죄호] 10 유로 **neuf ans** [뇌벙] 9년

# 핵심 문법 정리

## ★ 명사

프랑스어의 명사는 남성과 여성이 있다. 생명체는 성을 바꿀 수 있지만, 무생물체는 성이 결정되어 있고 이를 문법적인 성이라고 한다.

예 **un étudiant** 남학생　　**une étudiante** 여학생
**un livre** 책 (남성)　　**une chaise** 의자 (여성)

## ★ 관사

관사는 명사 앞에 사용되며 용법에 따라 정관사, 부정관사, 부분관사, 축약관사 등이 존재한다. 모음으로 시작하는 명사와 반드시 연음하고 축약해야 한다는 점을 유의해야 한다.

| 관사 | 남성단수 | 여성단수 | 남녀복수 |
|---|---|---|---|
| 부정관사 | un⌒ | une | des⌒ |
| 정관사 | le(l') | la(l') | les⌒ |
| 부분관사 | du(de l') | de la(de l') | |
| 축약관사 + à | au(à l') | à la(à l') | aux⌒ |
| 축약관사 + de | du(de l') | de la(de l') | des⌒ |

### 부정관사

처음 나오는 명사나 불특정한 명사 앞에서 사용하며, 하나 또는 복수의 의미를 가진다.

예 **un⌒ami** 남자친구(한 명)　　**une amie** 여자친구(한 명)　　**des⌒ami(e)s** 친구들

### 정관사

정해진 명사, 무엇인지 아는 명사, 한번 나온 명사가 또 나올 때 사용하며, 처음 나오더라도 이미 알고 있는 명사 앞에서 사용한다. 산이나 강 등의 고유명사 앞에서도 쓰인다.

예 **l'ami** 남자친구　　**les⌒ami(e)s** 친구들　　**la Seine** 센느강　　**les Alpes** 알프스 산맥

### 부분관사

물질명사나 추상명사처럼 셀 수 없는 명사 앞에서 사용된다. 모음으로 시작하는 명사 앞에서는 남성, 여성 모두 **de l'**의 형태가 된다. 먹는 것, 마시는 것, 날씨 등에 주로 사용된다.

예 **du vent** 바람　　**de la bière** 맥주　　**de l'eau** 물

### 축약관사

전치사 à(~에, ~에게, ~로)나 de(~의, ~부터, ~에 대해)와 함께 정관사가 쓰일 때 축약관사가 된다. de의 축약형은 부분관사와 부정관사 복수형과 모양이 동일하다. 전치사 de의 유무로 판단하면 된다.

예 **Je vais au Japon.** 나는 일본에 간다.
**Il parle du café.** 그는 카페에 대해 말한다. (축약관사)
**Il prend du café.** 그는 커피를 마신다. (부분관사)

## ★ 형용사

형용사는 수식하는 명사의 성수에 일치해야 하므로, 남성단수, 여성단수, 남성복수, 여성복수형으로 변한다. 형용사의 원형은 남성단수형이다. 여성형은 '남성단수 + e', 남성복수형은 '남성단수 + s', 여성복수형은 '여성단수 + s'로 바뀐다. 단어에 따라 x가 복수형 어미로 사용되기도 한다.

예 **bon(s) / bonne(s)** 좋은 **français / française(s)** 프랑스의 **coréen(s) / coréenne(s)** 한국의

| 여성형 만들기 | 복수형 만들기 |
|---|---|
| 남성 + e : français → française<br>-e → -e : rouge → rouge<br>-on → -onne : bon → bonne<br>-en → -enne : coréen → coréenne | 단수 + s : coréen → coréens<br>단수 + x : beau → beaux<br>-s → -s : français → français<br>-x → -x : voix → voix |

## ★ 소유형용사

명사 앞에 관사 대신 사용되며 소유를 나타낸다. 소유 객체의 성수에 따라 변하는데, 특히 3인칭에 주의해야 한다.

예 **son sac** 그(녀)의 가방 (가방이 남성명사이기 때문에 son을 사용해야 한다.)

| 뜻 | 남성단수 / 여성단수 / 남녀복수 |
|---|---|
| 나의 | mon / ma / mes |
| 너의 | ton / ta / tes |
| 그의, 그녀의 | son / sa / ses |
| 우리들의 | notre / notre / nos |
| 당신(들)의, 너희들의 | votre / votre / vos |
| 그들의, 그녀들의 | leur / leur / leurs |

## ★ 지시형용사

관사 자리에 사용되며 해석은 '이', '그', '저'로 한다. 명사의 성수에 따라 지시형용사를 결정해야 한다.

예 **ce livre** 이 책 **cette femme** 이 여자 **ces pommes** 이 사과들

| 남성단수 | 여성단수 | 남녀복수 |
|---|---|---|
| **ce / cet** (모음 앞) | **cette** | **ces**⌒ |

## ★ 인칭대명사

기본적으로 사람을 대신하지만, 주격 3인칭과 직접목적격 3인칭은 사물을 대신할 수 있다. 직접목적격과 간접목적격 대명사는 동사 앞에 위치하고, 목적어 명사는 동사 뒤에 와야 한다. 강세형은 전치사 다음, 동사 다음, 또는 혼자서 문장을 대신할 때 사용된다. '대명사 + (모음으로 시작하는) 동사'는 꼭 연음하고, 축약해야 한다. il은 날씨, 시간 등의 표현에서 비인칭대명사로 사용될 수 있다.

예 **Je vous⌒aime.** 저는 당신을 사랑합니다.
**J'aime aller au cinéma avec toi.** 나는 너랑 같이 영화 보러 가는 거 좋아해.
**Il fait chaud.** 날이 춥다

| 격 | 나 | 너 | 그 / 그녀 / 그것 | 우리 | 당신(들), 너희들 | 그(녀)들, 그것들 |
|---|---|---|---|---|---|---|
| 주격<br>(~은, 는, 이, 가) | je(j') | tu | il / elle | nous⌒ | vous⌒ | ils⌒ / elles⌒ |
| 직목<br>(~을, ~를) | me(m') | te(t') | le / la(l') | nous⌒ | vous⌒ | les⌒ |
| 간목<br>(~에게) | me(m') | te(t') | lui | nous⌒ | vous⌒ | leur |
| 강세형 | moi | toi | lui / elle | nous | vous | eux / elles |

## ★ 의문사

의문사는 형용사, 대명사, 부사의 형태가 존재한다. 명사와 함께 의문문을 만들 때는 의문형용사를 사용한다. qui는 사람, que는 사물에 관한 질문에 사용된다. 전치사와 함께 사용될 수 있다.

예 **Quel âge avez-vous ?** 몇 살이세요?
**Où habitez-vous ?** 어디 사세요?
**A qui parlez-vous ?** 누구에게 말씀하시는 겁니까?

<table>
<tr><td rowspan="2">의문대명사</td><td colspan="2">누구</td><td colspan="4">무엇</td></tr>
<tr><td colspan="2">qui</td><td colspan="4">que</td></tr>
<tr><td rowspan="2">의문형용사</td><td>남성단수</td><td>여성단수</td><td colspan="2">남성복수</td><td colspan="2">여성복수</td></tr>
<tr><td>quel</td><td>quelle</td><td colspan="2">quels</td><td colspan="2">quelles</td></tr>
<tr><td rowspan="2">의문부사</td><td>언제</td><td>어디서</td><td>어떻게</td><td colspan="2">얼마나</td><td>왜</td></tr>
<tr><td>quand</td><td>où</td><td>comment</td><td colspan="2">combien</td><td>pourquoi</td></tr>
</table>

## ★ 동사

프랑스어의 동사는 주어의 인칭에 따라 어미가 변화한다. 동사가 목적으로 사용되거나 전치사 다음에 위치한 경우는 동사원형을 사용한다. 프랑스어의 동사는 동사원형의 모양에 따라 세 개의 군으로 나뉘는데, 1군과 2군은 규칙 변화를 하고 3군은 불규칙 변화를 한다. 동사원형의 어미 대신 인칭에 따른 변화어미를 사용하며, 어미만 변하면 규칙동사, 어근까지 변하면 불규칙동사이다.

| 1군 동사 -er | 2군 동사 -ir | 3군 동사 -ir / -re / -oir |
|---|---|---|
| parler 말하다 | finir 끝내다 | prendre 먹다 / 타다 / 가다... |
| je parle<br>tu parles<br>il parle<br>nous parlons<br>vous parlez<br>ils parlent | je finis<br>tu finis<br>il finit<br>nous finissons<br>vous finissez<br>ils finissent | je prends<br>tu prends<br>il prend<br>nous prenons<br>vous prenez<br>ils prennent |

## ★ 부정문 만드는 법

부정문은 'ne + 동사 + pas'의 형태로 만든다. ne 다음에 모음이 오면 n'의 형태가 된다.

예 A: **Ça va ?** 잘 지내니?

B: **Non, ça ne va pas.** 아니, 잘 못 지내.

**Non, ça (ne) va pas.** (회화체에서는 흔히 ne를 빼고 pas만으로 부정표현을 한다.)

**Il n'est pas marié.** 그는 결혼하지 않았다.

## ★ 의문문 만드는 법

프랑스어의 의문문을 만드는 방법은 세가지가 있는데, 구어체에서는 평서문의 끝을 올려 말함으로써 의문을 표현하고, 평서문 앞에 Est-ce que...?를 붙이면 문법적으로도 맞으면서, 주어 동사를 도치하지 않고 쉽게 의문문을 만들 수 있다. 또는 영어처럼 주어와 동사를 도치시켜 의문문을 만드는데, 대명사가 도치되었을 때는 항상 '-'을 붙여야 한다.

예 **Tu es français ?** 너는 프랑스 사람이니?

**Est-ce que tu es français ?**

**Es-tu français ?**

## ★ 복합 과거

**조동사 avoir나 être의 직설법 현재형 + 본동사의 과거분사**

과거의 완료된 사건이나 행위를 표현한다. être를 조동사로 취하면 형용사처럼 과거분사가 주어의 성수에 일치된다.

예 **Il a aimé Sophie.** 그는 소피를 사랑했다.

**Sophie est venue me voir hier.** 소피는 어제 나를 보러 왔다.

## ★ 과거분사 만드는 법

1군 규칙동사 : 동사원형의 어미 er 대신 é를 붙인다.

예 **aimer → aimé** 사랑하다

2군 규칙동사 : 동사원형의 어미 ir 대신 i를 붙인다.

예 **choisir → choisi** 선택하다

3군 불규칙동사: 동사원형의 어근 끝 철자가 자음이면 + u, 모음이면 + t를 붙이지만, 모두 그런 것이 아니어서 불규칙적인 것은 개별적으로 외워야 한다.

예 **devenir**(어근자음 + u) → **devenu** ~이 되다

**faire**(어근모음+t) → **fait** 하다, 만들다
**prendre** → **pris** 택하다, 먹다, 꺼내다, 타다
**mettre** → **mis** 놓다, 놓다, 입다

예 **Je suis allé(e) au théâtre avec ma mère.** 나는 어머니와 함께 연극을 보러 갔다.
**Nous avons dîné avec des amis.** 우리는 친구들과 함께 저녁 식사를 했다.

## ★ 단순 미래

**미래어근**(동사원형) **+ 미래어미**(ai, as, a, ons, ez, ont)

미래에 일어날 일이나 사건, 계획 등을 표현한다. 특별한 미래 어근을 가지는 동사들도 있다.

예 **Je dînerai vers 9 heures.** 저는 9시쯤 저녁을 먹을 것입니다.
**Il sera à la maison demain.** 그는 내일 집에 있을 거야.

공부 순서 □ MP3 듣기 ➡ □ 단어 암기 ➡ □ 예문 빈칸 채우기 ➡ □ 단어암기 동영상

# 나의 하루

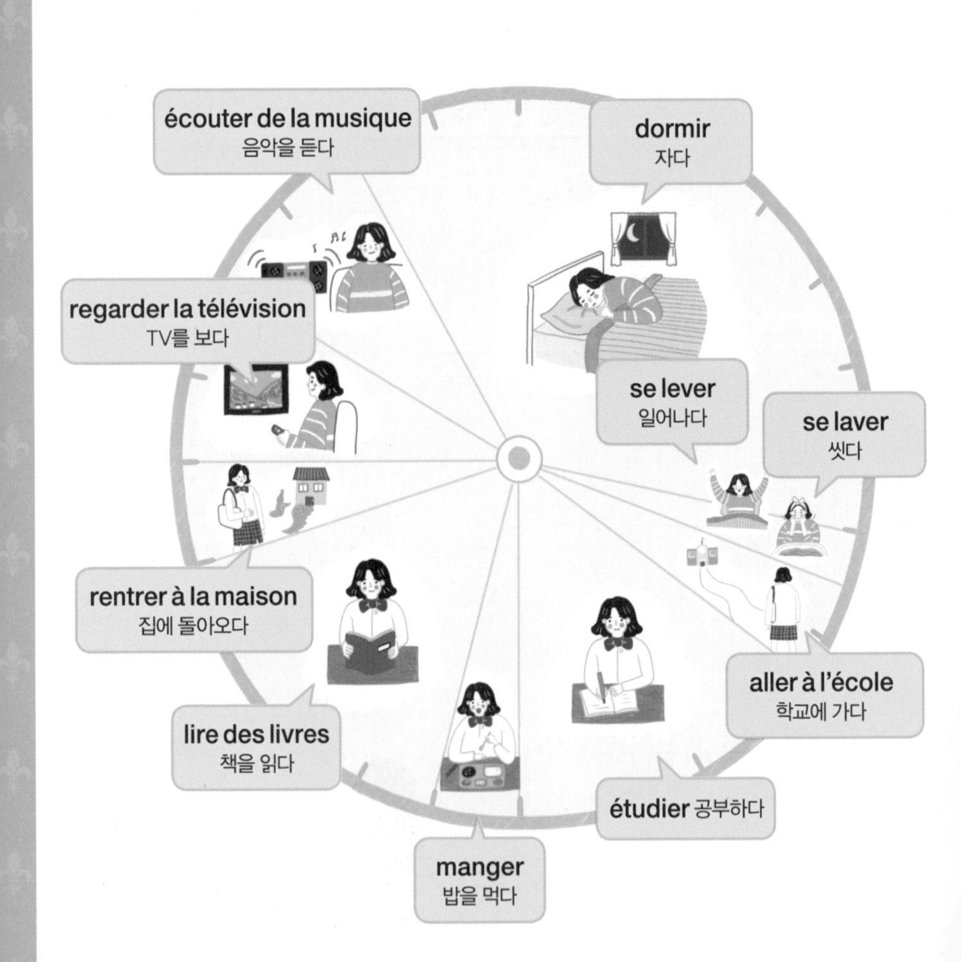

001
☐ ☐ ☐
**réveiller**
(잠에서) 깨우다

Ne me ______ pas jusqu'au dîner.
저녁 먹을 때까지는 깨우지 마세요.

002
☐ ☐ ☐
**se lever**
일어나다

À quelle heure ______ ______ -vous ?
몇 시에 일어나세요?

003
☐ ☐ ☐
**se laver**
씻다

______ les mains avant le repas.
먹기 전에 손부터 씻으세요.

004
☐ ☐ ☐
**se brosser les dents**
이를 닦다, 양치질하다

Vous vous êtes ______ ______ ______ ?
양치질했어요?

005
☐ ☐ ☐
**s'habiller**
옷을 입다

Il ______ vite.
그는 재빨리 옷을 입는다.

006
☐ ☐ ☐
**aller**
가다

Où ______ -vous ?
어디 가는 길이에요?

007
☐ ☐ ☐
**venir**
오다

______ plus près.
좀 더 가까이 오세요.

**Hint** 001 réveillez 002 vous levez 003 Lavez-vous 004 brossé les dents 005 s'habille 006 allez 007 Venez

008
- [ ] 
- [ ] 
- [ ] 

**manger**
먹다

Ne parlez pas quand vous ________.
식사 중에는 말하지 마세요.

009

**rentrer**
돌아오다

Ma mère est ________ tard hier soir.
엄마는 어젯밤에 늦게 집에 돌아오셨다.

010

**voir**
보다

J'ai ________ ce film à la télé.
나는 그 영화를 TV로 봤다.

011

**écouter**
듣다

Veux-tu m' ________ ?
내 말 좀 들어 볼래?

012

**lire**
읽다

Elle aime ________ des romans d'amour.
그녀는 로맨스 소설을 즐겨 읽는다.

013

**(prendre) une douche**
샤워(하다)

J'ai besoin d' ________ ________.
샤워를 해야겠어요.

014

**nettoyer**
청소하다

J'ai passé tout le matin à ________.
청소하느라 아침 시간을 다 보냈어요.

Hint 008 mangez 009 rentrée 010 vu 011 écouter 012 lire 013 une douche 014 nettoyer

015
- [ ] 
- [ ] 
- [ ] 

## faire la cuisine
요리하다

Où avez-vous appris à ______ ______ ______ ?
어디에서 요리하는 법을 배웠어요?

016

## faire la vaisselle
설거지하다

Qui va ______ ______ ______ ?
누가 설거지할 거예요?

017

## faire la lessive
세탁하다

On ______ ______ ______ chaque week-end.
우리는 매주 주말에 세탁한다.

018

## étudier
공부하다

J'ai ______ l'anglais en Australie autrefois.
나는 전에 호주에서 영어 공부를 한 적이 있다.

019

## se changer
옷을 갈아입다

Va ______ ______.
옷을 갈아입어라.

020

## se coucher
잠자리에 들다

Elle ne ______ ______ jamais avant minuit.
그녀는 자정 전에 잠자리에 드는 법이 없다.

021

## dormir
잠자다

Avez-vous bien ______ ?
안녕히 주무셨어요?

**Hint** 015 faire la cuisine 016 faire la vaisselle 017 fait la lessive 018 étudié 019 te changer 020 se couche 021 dormi

## 플러스 단어

**se déshabiller** 옷을 벗다

**prendre un bain** 목욕하다

**faire sa toilette** 세수하다

**se raser** 면도하다

**se laver les cheveux** 머리를 감다

**se sécher les cheveux** 머리를 말리다

**se peigner** 머리를 빗다

**se passer la soie dentaire** 치실로 이를 닦다

**prendre le petit déjeuner** 아침을 먹다

**débarasser la table** 밥상을 치우다

**passer l'aspirateur** 청소기로 청소하다

**recycler** 재활용하다

**faire le lit** 이불을 펴다, 이불을 개다

**faire la sieste** 낮잠을 자다

**s'endormir** 잠들다

**se coucher tard** 늦게 잠자리에 들다

## 인사말 익히기

**Réveille-toi.** (아이에게) 어서 일어나.

**Dors bien.** (아이에게) 잘 자라.

**Fais dodo.** (아이에게) 자장자장.

**Bonne nuit.** 안녕히 주무세요.

**Faites de beaux rêves.** 좋은 꿈 꾸세요.

**Ça va ?** 어떻게 지내세요?

**Comment allez-vous ?** 어떻게 지내세요?

**Comment vas-tu ?** 어떻게 지내니?

**Au revoir.** 잘 가. / 잘 있어.

**À plus tard.** 나중에 보자.

**À bientôt.** 곧 또 보자.

**Dites-lui bonjour de ma part.** 그에게 안부 전해 주세요.

**Je suis à la maison.** 집이야.

**Comment était votre journée ?** 오늘 하루는 어떻게 보냈어요?

**Bon appétit.** 맛있게 드세요.

# 미니 테스트

## 1 다음 단어의 뜻을 적어 보세요.

1 dormir ____________　　2 rentrer ____________

3 se laver ____________　　4 réveiller ____________

5 se brosser les dents ____________

6 prendre une douche ____________

## 2 다음의 우리말을 프랑스어로 옮겨 보세요.

1 요리하다 ____________　　2 잠자리에 들다 ____________

3 청소하다 ____________　　4 세탁하다 ____________

5 오다 ____________　　6 옷을 입다 ____________

## 3 다음을 알맞게 연결해 보세요.

1 보다 •　　① se lever

2 설거지하다 •　　② voir

3 일어나다 •　　③ se changer

4 옷을 갈아입다 •　　④ faire la vaisselle

1 1. 잠자다 2. 돌아오다 3. 씻다 4. (잠에서) 깨우다 5. 이를 닦다, 양치질하다 6. 샤워하다
2 1. faire la cuisine 2. se coucher 3. nettoyer 4. faire la lessive 5. venir 6. s'habiller
3 1. ② 2. ④ 3. ① 4. ③

Jour 02

공부 순서 □ MP3 듣기 ➡ □ 단어 암기 ➡ □ 예문 빈칸 채우기 ➡ □ 단어암기 동영상

# 학교에서

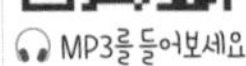

**une* table**
책상

**une chaise**
의자

**un livre**
책

**un cahier**
공책

**un manuel**
교과서

**un crayon**
연필

* **un/une**는 부정관사이다. **un**은 남성단수 명사 앞에, **une**는 여성단수 명사 앞에 사용한다. 명사를 외울 때 관사와 함께 습득하는 것이 명사의 성을 구별하기 쉽다.

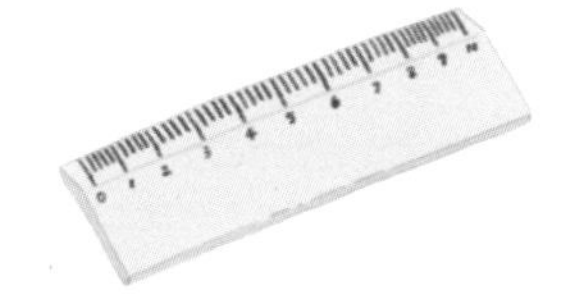

**une gomme**
지우개

**une règle**
자

**une trousse**
필통

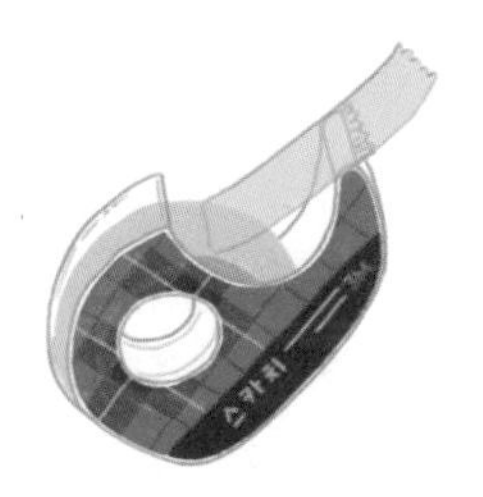


**un papier**
종이

**des* ciseaux**
가위

**un scotch**
스카치테이프

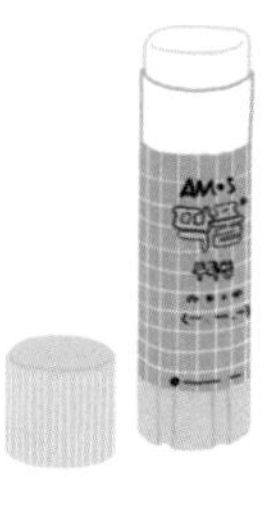

**une colle**
풀

**un tableau**
칠판

**un panneau d'affichage** 게시판

* **des**는 부정관사 복수형으로 남성과 여성이 동일하다. 가위는 항상 복수로 사용된다.

022
**école**
(여) 학교

À quelle heure tu vas à l'______ ?
몇 시에 학교에 가요?

---

023
**entrer**
(학교에) 들어가다, 입학하다

Mon fils ______ dans une école primaire cette année.
아들이 올해 초등학교에 입학해요.

---

024
**sortir (d'une université)**
졸업하다

Quand êtes-vous ______ de l'université ?
언제 대학을 졸업하셨어요?

---

025
**classe**
(여) 교실

Où est ta ______ ?
네 교실은 어디니?

---

026
**étudiant(e)**
학생

Combien d'______ avez-vous ?
학생 수가 얼마나 되나요?

---

027
**cours**
(남) 수업

Le prochain ______ commence dans 10 minutes.
다음 수업이 10분 후에 시작한다.

---

028
**examen**
(남) 시험

Tu vas réussir l'______.
넌 시험에 합격할 거야.

---

**Hint** 022 école 023 entre 024 sorti 025 classe 026 étudiants 027 cours 028 examen 029 matière 030 spécialité 031 devoir 032 rapport

029
☐ ☐ ☐
## matière
여 과목

Quelle est votre ______ préférée?
제일 좋아하는 과목이 뭐예요?

030
☐ ☐ ☐
## spécialité
여 전공과목

Quelle est sa ______ ?
그녀의 전공이 무엇이니?

031
☐ ☐ ☐
## devoir
남 숙제

As-tu fini ton ______ ?
숙제는 다 했니?

032
☐ ☐ ☐
## rapport
남 보고서, 리포트

Son ______ est sur le fair-trade.
그녀의 보고서는 공정 거래에 관한 것이다.

### 과목

mathématiques 여 복 수학

physique 여 물리학

chimie 여 화학

biologie 여 생물학

histoire 여 사학

géographie 여 지리학

droit 남 법학

médecine 여 의학

littérature 여 문학

politique 여 정치학

sociologie 여 사회학

philosophie 여 철학

éthique 여 윤리학

psychologie 여 심리학

architecture 여 건축학

ingénierie 여 공학

033

**semestre**

(남) 학기

J'ai bien réussi le dernier ______.

나는 저번 학기에 성적이 좋았다.

---

034

**vacances**

(여)(복) 방학

Comment étaient vos ______ d'été ?

여름방학은 어땠어요?

---

035

**année**

(여) 학년

Je suis en deuxième ______.

저는 2학년이에요.

---

036

**apprendre**

배우다

Qu'est-ce que tu as ______ à l'école aujourd'hui ?

오늘은 학교에서 무엇을 배웠니?

---

037

**enseigner**

가르치다

Depuis quand ______-vous ici?

여기서 언제부터 가르치고 계세요?

---

038

**demander**

묻다

Puis-je vous ______ votre nom ?

이름을 물어봐도 될까요?

---

039

**répondre**

답하다

J'ai ______ à toutes ses questions.

나는 그의 질문에 모두 답했다.

---

**Hint** 033 semestre 034 vacances 035 année 036 appris 037 enseignez 038 demander 039 répondu

040 ☐☐☐

## dictionnaire

남 사전

Cherche de nouveaux mots dans le ______.

새로운 단어들을 사전에서 찾아보아라.

041 ☐☐☐

## écrire

쓰다, 적다

______ votre réponse dans la case vide.

빈칸에 답을 쓰시오.

042 ☐☐☐

## club

남 동아리

À quel ______ avez-vous adhéré ?

어떤 동아리에 들었어요?

043 ☐☐☐

## comprendre

이해하다

Si vous ne ______ pas, levez la main.

이해가 안 되면 손을 드세요.

044 ☐☐☐

## bibliothèque

여 도서관

Elle travaille dans une ______.

그녀는 도서관에서 근무한다.

045 ☐☐☐

## laboratoire

남 연구실, 실험실, 실습실

Nous avons deux ______.

우리는 두 개의 실험실을 가지고 있다.

046 ☐☐☐

## excursion (scolaire)

여 수학여행, 현장 학습

J'aimerais aller à l'______ (scolaire).

어서 수학여행을 가고 싶다.

**Hint** 040 dictionnaire 041 Écrivez 042 club 043 comprenez 044 bibliothèque 045 laboratoires 046 excursion

# 플러스 단어

garderie 여 놀이방, 어린이집

école maternelle 여 유치원

école primaire 여 초등학교

collège 남 중학교

lycée 남 고등학교

université 여 대학교

restaurant universitaire
남 (대학교) 학생 식당

cantine 여 구내식당

salle de réunion 여 강당

infirmerie 여 양호실

résidence 여 기숙사

directeur / proviseur 남 교장

sous-directeur 남 교감

camarade 남 여 급우, 반 친구

pique-nique 남 소풍

cours 남 수업, 교습, 강습

conférence 여 강의, 강연

sécher un cours 수업을 빼먹다

contrôle continu 남 중간고사

examen final 남 기말고사

quiz 남 쪽지 시험

rattraper 재시험을 치르다

préparer l'examen 시험공부를 하다

savoir par cœur 외우다, 암기하다

programme d'enseignement
남 교육 과정

activité parascolaire
여 방과 후 활동

bénévolat 남 자원봉사 활동

bourse d'études 여 장학금

bulletin scolaire 남 성적표

diplôme 남 학위

# 미니 테스트

단어 암기 동영상을 보면서 복습하세요

**1** 다음 단어의 뜻을 적어 보세요.

1 entrer ____________ 2 devoir ____________

3 spécialité ____________ 4 répondre ____________

5 année ____________ 6 apprendre ____________

**2** 다음의 우리말을 프랑스어로 옮겨 보세요.

1 방학 ____________ 2 쓰다, 적다 ____________

3 동아리 ____________ 4 묻다 ____________

5 이해하다 ____________ 6 도서관 ____________

**3** 다음을 알맞게 연결해 보세요.

1 사전 • ① sortir

2 과목 • ② semestre

3 졸업하다 • ③ matière

4 학기 • ④ dictionnaire

**1** 1. (학교에) 들어가다, 입학하다 2. 숙제 3. 전공과목 4. 답하다 5. 학년 6. 배우다
**2** 1. vacances 2. écrire 3. club 4. demander 5. comprendre 6. bibliothèque
**3** 1. ④ 2. ③ 3. ① 4. ②

Jour 03

공부 순서 □ MP3 듣기 ➡ □ 단어 암기 ➡ □ 예문 빈칸 채우기 ➡ □ 단어암기 동영상

# 회사에서

**un professeur***
교사

**un médecin**
의사

**un policier**
경찰관

**un pompier**
소방관

**une coiffeuse**
미용사

**un cuisinier**
요리사

* **professeur**는 남성과 여성을 동시에 지칭한다. 여교사를 특별히 밝혀 주고 싶을 때는 **une femme professeur**라고 한다.

047

☐ ☐ ☐

**travail**

(남) 일, 일자리

**Avez-vous trouvé un ______ ?**

일자리는 구했어요?

048

☐ ☐ ☐

**travailler**

일하다, 근무하다

**Elle ______ pour 7 000 wons par heure.**

그녀는 시급 7천원을 받고 일한다.

049

☐ ☐ ☐

**réunion**

(여) 회의

**Ils sont en ______ .**

그들은 회의 중이다.

050

☐ ☐ ☐

**occupé(e)***

바쁜

괄호 안의 e는 여성형 표시로, 형용사는 수식하는 단어의 성과 수에 일치해야 한다.

**Il était ______ à rédiger le rapport.**

그는 보고서 작성을 하느라 바빴다.

051

☐ ☐ ☐

**fatigué(e)**

피곤한

**Vous avez l'air ______ .**

피곤해 보인다.

052

☐ ☐ ☐

**exposé**

(남) 발제, 프레젠테이션

**Comment va l'______ ?**

발표는 어떻게 진행되고 있나요?

053

☐ ☐ ☐

**voyage d'affaires**

(남) 출장

**C'est mon premier ______ ______ .**

이번이 나의 첫 번째 출장이다.

**Hint** 047 travail 048 travaille 049 réunion 050 occupé 051 fatigué 052 exposé 053 voyage d'affaires

054

□ □ □

## patron

남 직장 상사, 사장

Mon ______ s'emporte facilement.

나의 직장 상사는 욱하는 성격이다.

055

□ □ □

## collègue

남 여 직장 동료

L'un de mes ______ est un bourreau de travail.

내 직장 동료 중 한 사람은 일 중독자이다.

056

□ □ □

## embaucher

고용하다, 채용하다

Ils ______ des travailleurs étrangers.

그들은 외국인 노동자들을 고용한다.

057

□ □ □

## renvoyer

해고하다

Personne ne veut être ______.

해고당하기를 원하는 사람은 아무도 없다.

058

□ □ □

## prendre sa retraite

퇴직하다, 은퇴하다

Beaucoup de gens ______ ______ ______ tôt.

많은 사람들이 조기 퇴직한다.

059

□ □ □

## salaire

남 봉급

Le ______ est-il bon ?

봉급은 많아요?

060

□ □ □

## contrat

남 계약, 계약서

Vous ne devez pas signer le ______.

그 계약서에 서명하면 안 돼요.

**Hint** 054 patron 055 collègues 056 embauchent 057 renvoyé 058 prennent leur retraite 059 salaire 060 contrat

061 ☐☐☐ **bureau**
㊚ 사무실

Mon ________ est au deuxième étage.
내 사무실은 2층에 있다.

062 ☐☐☐ **entreprise**
㊛ 회사

Qui a monté cette ________ ?
누가 그 회사를 세웠어요?

063 ☐☐☐ **usine**
㊛ 공장

Cette ________ produit des voitures.
이 공장은 자동차를 생산한다.

064 ☐☐☐ **emploi du temps**
㊚ 일정, 스케줄

Mon ________ ________ ________ est très chargé.
내 일정이 빡빡하다.

065 ☐☐☐ **entretien**
㊚ 면접, 인터뷰

Il a passé un ________ d'embauche.
그는 취업 면접을 보았다.

066 ☐☐☐ **poser sa candidature à**
~에 지원하다

Ils ________ tous ________ ________ à ce travail.
그들 모두 그 일자리에 지원한다.

067 ☐☐☐ **promouvoir**
승진시키다

Aron a été ________ au chef de cuisine.
아롱은 주방장으로 승진했다.

Hint 061 bureau 062 entreprise 063 usine 064 emploi du temps 065 entretien 066 posent / leur candidature 067 promu

aller au travail 출근하다

quitter le bureau 퇴근하다

avoir un emploi 취직하다

en service 근무 중인

en congé 휴무인

à plein temps 전일(근무)의

à temps partiel 시간제(근무)의

licencier 정리 해고하다

faire des heures supplémentaires 초과 근무를 하다

prime 여 보너스

indemnité 여 수당

pension 여 연금

augmentation de salaire 여 봉급 인상

carte de visite 여 명함

horaires de bureau 남 근무 시간 기록표

photocopieur 남 복사기

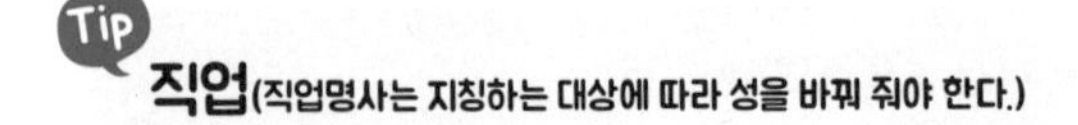


vétérinaire 수의사

juge 판사

avocat(e) 변호사

militaire 군인

comptable 회계사

peintre 화가

musicien(ne) 음악인, 연주자

athlète 운동선수

astronome 천문학자

photographe 사진작가

employé(e) de bureau 회사원

secrétaire 비서

vendeur(se) 판매원

plombier(ère) 배관공

réparateur(trice) 수리공

mécanicien(ne) 정비공

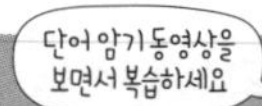

## 1 다음 단어의 뜻을 적어 보세요.

1 usine ____________ 2 collègue ____________

3 contrat ____________ 4 fatigué ____________

5 exposé ____________ 6 prendre sa retraite ____________

## 2 다음의 우리말을 프랑스어로 옮겨 보세요.

1 해고하다 ____________ 2 사무실 ____________

3 일정, 스케줄 ____________ 4 ~에 지원하다 ____________

5 회의 ____________ 6 봉급 ____________

## 3 다음을 알맞게 연결해 보세요.

1 고용하다 • ① entreprise

2 회사 • ② embaucher

3 면접 • ③ promouvoir

4 승진시키다 • ④ entretien

1 1. 공장 2. 직장 동료 3. 계약, 계약서 4. 피곤한 5. 발제, 프레젠테이션 6. 퇴직하다, 은퇴하다
2 1. renvoyer 2. bureau 3. emploi du temps 4. poser sa candidature à 5. réunion 6. salaire
3 1. ② 2. ① 3. ④ 4. ③

공부 순서 □ MP3 듣기 ➡ □ 단어 암기 ➡ □ 예문 빈칸 채우기 ➡ □ 단어암기 동영상

# 가족과 지인

MP3를 들어보세요

**grand-père / papi**
할아버지

**grand-mère / mamie**
할머니

**père / papa**
아버지/아빠

**mère / maman**
어머니/엄마

**oncle / tonton**
백부, 숙부, 삼촌

**tante / tata**
백모, 숙모, 고모, 이모

**frère**
형, 오빠, 남동생

**moi**
나

**sœur**
누나, 언니, 여동생

**cousin**
사촌

068
- [ ] 
- [ ] 
- [ ] 

## famille
여 가족, 가정

Parlez-moi de votre ______.
가족 이야기를 해 보세요.

069

## grands-parents
남 복 조부모

Ses ______ sont toujours vivants.
그녀의 조부모님은 두 분 다 살아 계신다.

070

## grand-père
남 할아버지

Mon ______ est né avec chance.
나의 할아버지는 복을 타고나셨다.

071

## grand-mère
여 할머니

Ma ______ me manque terriblement.
나는 할머니가 무척 보고 싶다.

072

## parents
남 복 부모

Être ______, ce n'est pas facile.
부모 노릇하기는 어렵다.

073

## père
남 아버지

Tel ______, tel fils.
부전자전

074

## mère
여 어머니

Elle ressemble à sa ______.
그녀는 자기 어머니를 닮았다.

**Hint** 068 famille 069 grands-parents 070 grand-père 071 grand-mère 072 parents 073 père 074 mère

075

fils

남 아들

Mon [          ] cadet est difficile pour la nourriture.

나의 막내아들은 식성이 까다롭다.

076

fille

여 딸

Leurs [          ] sont très belles.

그들의 딸들은 미모가 뛰어나다.

077

frère

남 형, 오빠, 남동생

Son [          ] tête encore sa mère.

그의 형은 마마보이이다.

078

sœur

여 누나, 언니, 여동생

Sa [          ] est un peu égoïste.

그녀의 언니는 좀 이기적이다.

079

petit-enfant

남 손주

Combien de [          ] avez-vous ?

손주가 몇 명이나 되세요?

080

oncle

남 백부, 숙부, 삼촌

Son [          ] est un père célibataire.

그의 삼촌은 홀로 아이를 키운다.

081

tante

여 백모, 숙모, 고모, 이모

La [          ] de Julie est vraiment attentive à elle.

쥘리의 이모는 그녀에게 정말로 신경을 써 준다.

Hint 075 fils 076 filles 077 frère 078 sœur 079 petits-enfants 080 oncle 081 tante

082

□ □ □

**parent**

남 친척

Il est mon ______ éloigné.

그는 나의 먼 친척이다.

---

083

□ □ □

**cousin**

남 사촌

Nous sommes ______.

우리는 사촌 사이이다.

---

084

□ □ □

**neveu**

남 남자 조카, 질자

Je ferai tout pour mon ______.

내 조카를 위해서라면 무엇이든 할 거야.

---

085

□ □ □

**nièce**

여 조카딸, 질녀

Ma ______ s'intéresse à la danse.

내 조카딸은 춤에 관심이 있다.

---

086

□ □ □

**ami(e)**

친구

Il a trahi son meilleur ______.

그는 가장 친한 친구를 배신했다.

---

087

□ □ □

**voisin(e)**

이웃

Nous étions ______ depuis des années.

우리는 수년간 이웃으로 지냈다.

---

088

□ □ □

**inconnu(e)**

낯선 사람

Ne prenez rien à un ______.

낯선 사람에게서는 아무것도 받지 마라.

---

**Hint** 082 parent 083 cousins 084 neveu 085 nièce 086 ami 087 voisins 088 inconnu

# 플러스 단어

famille monoparentale
여 편부모 가정

parents en ligne directe 직계 가족

famille soudée 여 단란한 가족

réunion de famille 여 가족 모임

arrière-arrière-grands-parents
남 복 고조부모

arrière-grands-parents
남 복 증조부모

arrière-petit-enfant 남 증손주

petit-enfant 남 손주

fils unique 남 외동아들

fille unique 여 외동딸

beau-père 남 시아버지, 장인

belle-mère 여 시어머니, 장모

beau-fils / gendre 남 사위

belle-fille / bru 여 며느리

beau-frère
남 시아주버니, 시동생, 매형, 매제, 처남, 동서

belle-soeur
여 형수, 제수, 시누이, 올케, 처제, 처형, 동서

parents adoptifs 남 복 양부모

enfant adoptif 남 양자녀

belle-mère 여 새어머니, 계모

demi-frère 남 이부형제, 이복형제

mère biologique 여 생모

amitié 여 우정

le meilleur ami / la meilleure amie
가장 친한 친구

vieil(le) ami(e) 오래된 친구

ami(e) d'enfance 어릴 적 친구

ami(e) de confiance 믿을 수 있는 친구

ami(e) de la famille 가족의 지인

ami(e) d'un ami 친구의 친구

colocataire 남 여 룸메이트

les autres 남 복 타인들

communauté 여 지역 사회

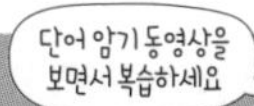

**1** 다음 단어의 뜻을 적어 보세요.

1 voisin ____________ 2 petit-enfant ____________

3 fils ____________ 4 neveu ____________

5 parent ____________ 6 tante ____________

**2** 다음의 우리말을 프랑스어로 옮겨 보세요.

1 백부, 숙부, 삼촌 ____________ 2 어머니 ____________

3 조부모 ____________ 4 낯선 사람 ____________

5 가족, 가정 ____________ 6 딸 ____________

**3** 다음을 알맞게 연결해 보세요.

1 사촌 • ① cousin

2 할아버지 • ② nièce

3 친구 • ③ grand-père

4 조카딸 • ④ ami

**1** 1. 이웃 2. 손주 3. 아들 4. 남자 조카, 질자 5. 친척 6. 백모, 숙모, 고모, 이모
**2** 1. oncle 2. mère 3. grands-parents 4. inconnu 5. famille 6. fille
**3** 1. ① 2. ③ 3. ④ 4. ②

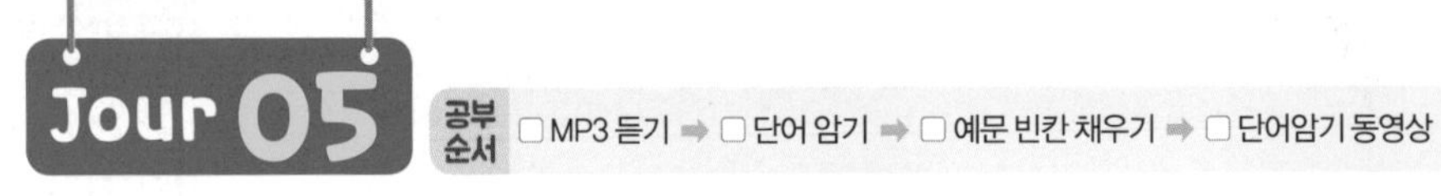


# 신체와 외모

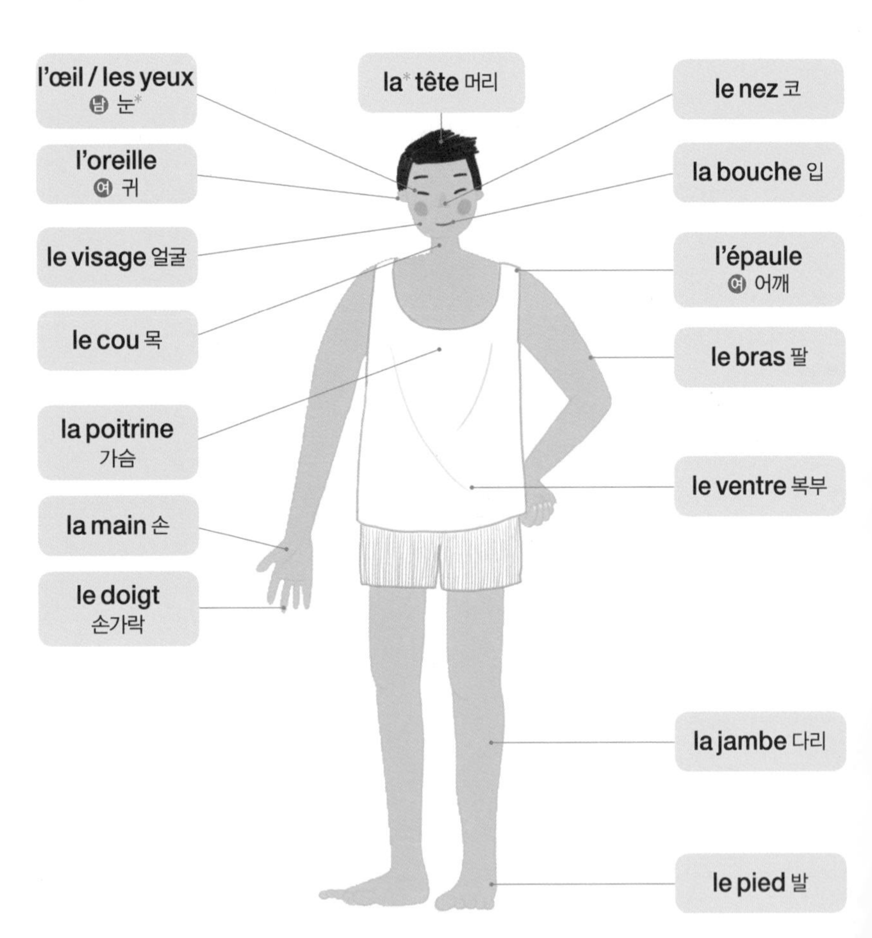


* 눈은 단수와 복수가 다르다.
* 신체 단어는 주로 정관사(le/la/les)와 함께 사용한다.

089

corps

남 몸, 신체

Je sens la douleur dans tout le ______.

온몸이 아파요.

090

cheveux

남 복 머리카락

Vos ______ sont très beaux.

머리가 멋지네요.

091

chauve

대머리의

Greene va devenir ______.

그린 씨는 대머리가 되어 가고 있다.

092

bouclé

곱슬머리의

J'ai des cheveux longs et ______.

내 머리는 긴 곱슬머리이다.

093

langue

여 혀

Tirez la ______.

혀를 내밀어 보세요.

094

doigt

남 손가락

Elle m'a pansé le ______.

그녀가 내 손가락에 붕대를 감아 주었다.

095

genou

남 무릎

복 genoux

Maintenant, mettez-vous à ______.

이제 무릎을 꿇고 앉으세요.

**Hint** 089 corps 090 cheveux 091 chauve 092 bouclés 093 langue 094 doigt 095 genoux

096
☐ ☐ ☐
**cheville**
ⓔ 발목

Ma ______ droite était enflée.
오른쪽 발목이 부어 있었어요.

097
☐ ☐ ☐
**taille**
ⓔ 허리

Elle a une ______ mince.
그녀는 허리가 가늘다.

098
☐ ☐ ☐
**barbe**
ⓔ 턱수염

Il caresse sa ______.
그는 턱수염을 쓰다듬고 있다.

099
☐ ☐ ☐
**peau**
ⓔ 피부

Il aime les filles avec une ______ claire.
그는 피부가 흰 아가씨를 좋아한다.

100
☐ ☐ ☐
**avoir l'air**
~하게 보이다

L'actrice ______ ______ pâle.
그 여배우는 창백해 보인다.

101
☐ ☐ ☐
**vieux**
늙은
ⓔ vieille

Il est plus ______ que ses camarades.
그는 그의 동료들보다 더 늙었다.

102
☐ ☐ ☐
**jeune**
나이 어린, 젊은

Elle est ______ pour son âge.
그녀는 나이에 비해 어리다.

**Hint** 096 cheville 097 taille 098 barbe 099 peau 100 a l'air 101 vieux 102 jeune

103

poids

㊚ 몸무게, 체중

Vous devez perdre votre ______.

체중을 줄이셔야 해요.

104

surpoids

㊚ 과체중

Hélène pense qu'elle est en ______.

엘렌은 자신이 과체중이라고 생각한다.

105

mince

날씬한

Vous êtes toujours ______.

당신은 항상 날씬하시군요.

106

grand(e)

키가 큰

Je suis plus ______ que vous.

제가 당신보다 키가 커요.

107

beau

아름다운

㊛ belle

Elle a de ______ yeux bleus.

그녀는 아름다운 푸른 눈을 가지고 있다.

108

ride

㊛ 주름

C'est bon pour se prémunir contre les ______.

그것은 주름 예방에 좋다.

109

entretenir la santé

건강을 유지하다

La natation vous aide à ______ ___ ______.

수영이 건강 유지에 도움이 된다.

Hint 103 poids 104 surpoids 105 mince 106 grand 107 beaux 108 rides 109 entretenir la santé

## 플러스 단어

front 남 이마

sourcil 남 눈썹

paupière 여 눈꺼풀

narine 여 콧구멍

lèvre 여 입술

dent 여 이, 치아

joue 여 뺨

moustache 여 콧수염

favoris 남 복 구레나룻

coude 남 팔꿈치

poignet 남 팔목

orteil 남 발가락

ongle 남 손톱

ongle des pieds 남 발톱

empreinte digitale 여 지문

tache de rousseur 여 주근깨

bouton 남 여드름

perruque 여 가발

raide 직모의

permanenté(e) 파마머리의

blond(e) 금발의

chute des cheveux 여 탈모

ovale 달걀형의

carré(e) 사각형의

rond(e) 둥글둥글한

perdre du poids 살이 빠지다, 살을 빼다

prendre du poids 살이 찌다

musclé(e) 근육질의

ventre de bière 남 술배

garder la ligne 날씬한 몸매를 유지하다

## 미니 테스트

단어 암기 동영상을 보면서 복습하세요

### 1 다음 단어의 뜻을 적어 보세요.

1 avoir l'air ____________  2 cheville ____________

3 surpoids ____________  4 ride ____________

5 langue ____________  6 beau ____________

### 2 다음의 우리말을 프랑스어로 옮겨 보세요.

1 피부 ____________  2 곱슬머리의 ____________

3 건강을 유지하다 ____________  4 턱수염 ____________

5 무릎 ____________  6 몸무게, 체중 ____________

### 3 다음을 알맞게 연결해 보세요.

1 허리 •  ① chauve

2 손가락 •  ② taille

3 날씬한 •  ③ doigt

4 대머리의 •  ④ mince

1 1. ~하게 보이다 2. 발목 3. 과체중 4. 주름 5. 혀 6. 아름다운
2 1. peau 2. bouclé 3. entretenir la santé 4. barbe 5. genou 6. poids
3 1. ② 2. ③ 3. ④ 4. ①

Jour 06

공부 순서 □ MP3 듣기 ➡ □ 단어 암기 ➡ □ 예문 빈칸 채우기 ➡ □ 단어암기 동영상

# 감정과 느낌 표현

**heureux(se)**
기분 좋은, 행복한

**triste**
슬픈

**fâché(e)**
화난

**surpris(e)**
놀란

**sourire**
미소(짓다)

**pleurer**
울다

110

**(se) sentir**

느끼다, (~한 기분이) 들다

Comment vous ______ aujourd'hui ?

오늘은 기분이 어떠세요?

111

**heureux**

기분 좋은, 행복한

여 heureuse

Vous avez l'air ______ aujourd'hui.

오늘 기분이 좋아 보이네요.

112

**triste**

슬픈

Ne sois pas trop ______.

너무 슬퍼하지 마.

113

**nerveux**

긴장한, 초조한

여 nerveuse

Je suis un peu ______.

좀 긴장되네요.

114

**contrarié(e)**

속상한

Il doit être ______.

그는 분명 속상할 거예요.

115

**aimer**

좋아하다, 마음에 들다

______-tu le café ?

커피 좋아하니?

116

**détester**

매우 싫어하다, 미워하다

Elle ______ son travail.

그녀는 자신의 일을 매우 싫어한다.

Hint 110 sentez-vous 111 heureux 112 triste 113 nerveux 114 contrarié 115 Aimes 116 déteste

117
□ □ □
## pleurer
울다

Arrête de ________.
(울음을) 뚝 그쳐.

118
□ □ □
## de chance
운 좋은

C'est votre jour ____ ________.
당신의 운수가 좋은 날이네요.
남 chanceux (여 chanceuse)

119
□ □ □
## désolé(e)
미안한, 유감인

Je suis ________ hier soir.
어젯밤 일은 미안해요.

120
□ □ □
## s'inquiéter
걱정하다

Ne ____ ________ pas pour moi.
저에 대해서는 걱정하지 마세요.

121
□ □ □
## en colère
화난

Vous l'avez mis ____ ________.
당신이 그를 화나게 했잖아요.

122
□ □ □
## amusant(e)
재미있는

C'était très ________.
엄청 재미있었어요.

123
□ □ □
## excité(e)
신난, 흥분한

Ils sont ________ à l'idée du voyage.
그들은 여행 때문에 신이 났다.

**Hint** 117 pleurer 118 de chance 119 désolé 120 vous inquiétez 121 en colère 122 amusant 123 excités

124 **fier**
자랑스러워하는
여 fière

Je suis ______ de vous.
당신이 자랑스러워요.

125 **sourire**
미소; 미소 짓다

Il ______ naturellement.
그는 순박한 미소를 짓는다.

126 **manquer**
그리워하다, 보고 싶다

Tu vas me ______.
네가 보고 싶을 거야.

127 **surpris(e)**
놀란

Nous sommes ______ du résultat.
우리는 그 결과에 놀랐다.

128 **intéressant(e)**
흥미로운

C'est une idée ______.
그거 흥미로운 생각이네요.

129 **avoir peur**
무서워하다

J'ai ______.
겁나 죽겠어요.

130 **sûr(e)**
확신하는

Êtes-vous ______ d'avoir fermé la porte ?
문 잠근 거 확실해요?

Hint 124 fier 125 sourit 126 manquer 127 surpris 128 intéressante 129 peur 130 sûr

## 플러스 단어

ravi(e) 기쁜, 반가운

heureux(se) 행복한, 즐거운

malheureux(se) 슬픈, 불행한

furieux(se) 화난

choqué(e) 충격 받은

effrayé(e) 두려워하는, 무서워하는

satisfait(e) 만족한

déçu(e) 실망한

confus(e) 혼란스러운

embarrassé(e) 당황스러운, 당혹한

honteux(se) 부끄러운, 창피한

rassuré(e) 안심하는

agacé(e) 짜증이 나는

content(e) 만족하는

ennuyeux(se) 지루한, 따분한

drôle 우스운

touché(e) 감동을 받은

solitaire 외로운, 고독한

malchanceux(se) 불운한

impressionné(e) 인상 깊은

jaloux(se) 질투하는

frissonné(e) 전율하는, 아주 흥분한

misérable 비참한

dégoûté(e) 혐오스러운

détester 싫어하다

regretter 후회하다

être curieux(se) 궁금하다

avoir peur 두려워하다

envier 부러워하다

rire 활짝 웃다

# 미니 테스트

## 1 다음 단어의 뜻을 적어 보세요.

1 nerveux ____________ 2 excité ____________

3 détester ____________ 4 manquer ____________

5 avoir peur ____________ 6 (se) sentir ____________

## 2 다음의 우리말을 프랑스어로 옮겨 보세요.

1 운 좋은 de ____________ 2 미소; 미소 짓다 ____________

3 놀란 ____________ 4 속상한 ____________

5 미안한, 유감인 ____________ 6 재미있는 ____________

## 3 다음을 알맞게 연결해 보세요.

| | |
|---|---|
| 1 걱정하다 • | ① sûr |
| 2 확신하는 • | ② intéressant |
| 3 흥미로운 • | ③ fier |
| 4 자랑스러워하는 • | ④ s'inquiéter |

1 1. 긴장한, 초조한 2. 신난, 흥분한 3. 매우 싫어하다, 미워하다 4. 그리워하다, 보고 싶다 5. 무서워하다 6. 느끼다, (~한 기분이) 들다 2 1. de chance 2. sourire 3. surpris 4. contrarié 5. désolé 6. amusant 3 1. ④ 2. ① 3. ② 4. ③

Jour 07

공부 순서 □ MP3 듣기 ➡ □ 단어 암기 ➡ □ 예문 빈칸 채우기 ➡ □ 단어암기 동영상

# 성격 표현하기

**gentil(le)** 친절한

**créatif(ve)** 창의적인

**laborieux(se)** 근면한

**agréable** 상냥한, 우호적인

**égoïste** 이기적인

**ambitieux(se)** 야심 있는

131
- [ ] - [ ] - [ ]

**gentil(le)**
친절한

Que vous êtes ____________.
참 친절하시네요.

132

**silencieux**
조용한, 말수가 적은
여 silencieuse

Le public devient ____________.
청중이 조용해졌다.

133

**agréable**
상냥한, 우호적인

Elle m'embrasse avec un sourire ____________.
그녀는 상냥한 미소를 지으며 나를 안아 주었다.

134

**curieux**
호기심 많은
여 curieuse

Mon chien est ____________ de tout.
우리 집 개는 모든 것에 호기심이 많다.

135

**laborieux**
근면한
여 laborieuse

C'est un travailleur ____________.
그는 근면한 일꾼이다.

136

**grossier**
무례한
여 grossière

Je ne voulais pas être ____________.
무례하게 굴려던 것은 아니었어요.

137

**prudent(e)**
신중한, 조심하는

Soyez ____________ !
조심해요!

**Hint** 131 gentil 132 silencieux 133 agréable 134 curieux 135 laborieux 136 grossier 137 prudent

138

- [ ] 
- [ ] 
- [ ] 

## timide
수줍어하는

**Je suis ______ avec des étrangers.**
저는 낯을 가려요.

139

## honnête
정직한, 솔직한

**Donnez-moi une réponse ______.**
나한테 솔직하게 답해 주세요.

140

## créatif
창의적인
여 créative

**Vous êtes un architecte ______.**
창의적인 건축가이시네요.

141

## ambitieux
야심 있는
여 ambitieuse

**Soyez ______ comme elle.**
그녀처럼 야심을 품어 보세요.

142

## poli(e)
공손한, 예의 바른

**J'ai essayé d'être ______ avec lui.**
그에게 공손하게 굴려고 애썼어요.

143

## généreux
관대한, 너그러운
여 généreuse

**Vous êtes très ______.**
참 너그러우시네요.

144

## attentif
배려하는
여 attentive

**Lucie est une femme ______.**
뤼씨는 참 배려심이 깊은 여자이다.

**Hint** 138 timide 139 honnête 140 créatif 141 ambitieux 142 poli 143 généreux 144 attentive

145

☐ **cruel(le)**
☐ 잔인한
☐

Il est un assassin ______.
그는 잔인한 살인자이다.

146

☐ **fidèle**
☐ 신의 있는, 충직한
☐

Il a toujours été un ami ______.
그는 줄곧 늘 신의 있는 친구였다.

147

☐ **égoïste**
☐ 이기적인
☐

Comment pouvez-vous être si ______ ?
당신은 어쩜 그리 이기적이에요?

148

☐ **patient(e)**
☐ 참을성 있는
☐

Essayez d'être ______ avec les enfants.
참을성을 가지고 아이들을 대해 보세요.

149

☐ **sévère**
☐ 엄격한
☐

Mon père était un homme ______.
나의 아버지는 엄격한 분이셨다.

150

☐ **exigeant(e)**
☐ 까다로운, 요구가 많은
☐

Vous êtes très ______ cette fois.
이번에는 아주 까다롭게 구시네요.

151

☐ **responsable**
☐ 책임감 있는
☐

Comportez-vous comme un adulte ______.
책임감 있는 어른답게 행동하세요.

**Hint** 145 cruel 146 fidèle 147 égoïste 148 patient 149 sévère 150 exigeant 151 responsable

# 플러스 단어

gai(e) 명랑한

paresseux(se) 게으른

courageux(se) 용감한

sérieux(se) 진지한

modeste 겸손한

négligent(e) 부주의한, 조심성 없는

fidèle 충성스러운, 충실한

charmant(e) 매력적인

bas(se) 비열한

compétitif(ve) 경쟁심 강한

violent(e) 폭력적인

arrogant(e) 거만한

capricieux(se) 기분 변화가 심한

sournois(e) 교활한

intelligent(e) 재치 있는

innocent(e) 순진한, 순수한

fiable 믿을 만한

persistant(e) 집요한, 끈질긴

bavard(e) 수다스러운

imprudent(e) 무모한, 경솔한

énergique 에너지가 넘치는

positif(ve) 긍정적인

négatif(ve) 부정적인

insouciant(e) 느긋한, 태평한

actif(ve) 능동적인, 활동적인

passif(ve) 수동적인, 소극적인

optimiste 낙천적인

pessimiste 비관적인

réservé(e) 내성적인, 속마음을 드러내지 않는

extraverti(e) 외향적인

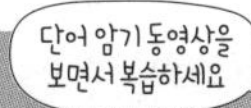

## 1 다음 단어의 뜻을 적어 보세요.

1 honnête ____________　　2 curieux ____________

3 égoïste ____________　　4 responsable ____________

5 prudent ____________　　6 grossier ____________

## 2 다음 뜻을 프랑스어로 써 보세요.

1 창의적인 ____________　　2 친절한 ____________

3 배려하는 ____________　　4 참을성 있는 ____________

5 근면한 ____________　　6 까다로운, 요구가 많은 ____________

## 3 프랑스어와 우리말 뜻을 알맞게 연결해 보세요.

1 잔인한 •　　① ambitieux

2 너그러운 •　　② agréable

3 야심 있는 •　　③ cruel

4 상냥한, 우호적인 •　　④ généreux

1 1. 정직한, 솔직한　2. 호기심 많은　3. 이기적인　4. 책임감 있는　5. 신중한, 조심하는　6. 무례한
2 1. créatif　2. gentil　3. attentif　4. patient　5. laborieux　6. exigeant
3 1. ③　2. ④　3. ①　4. ②

Jour 08

공부 순서 □ MP3 듣기 ➡ □ 단어 암기 ➡ □ 예문 빈칸 채우기 ➡ □ 단어암기 동영상

# 사람의 일생

**un bébé**
아기

**un enfant**
어린이, 아이

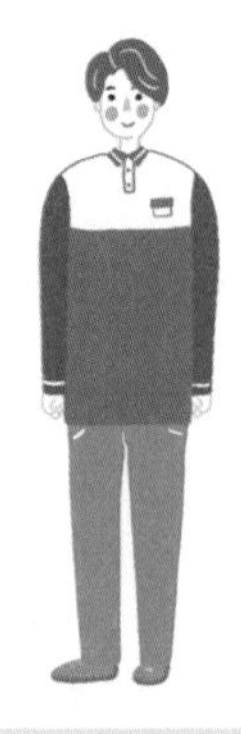

**un adulte**
어른, 성인

**se marier**
결혼하다

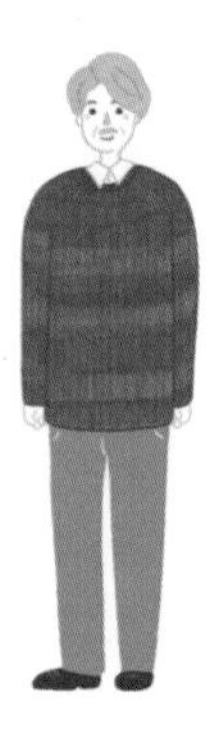

**un vieil homme**
노인

**mourir**
죽다

152 vie
여 인생, 삶, 목숨

La ______ est trop courte pour être gaspillée.
인생은 낭비하기에는 너무 짧다.

153 naître
태어나다

Il ______ ______ en 2000.
그는 2000년에 태어났다.

154 bébé
아기

Je ne peux pas supporter un ______ qui pleure.
나는 우는 아기를 견딜 수 없다.

155 enfant
어린이, 아이

Ne me traitez pas comme un ______.
저를 어린아이처럼 대하지 마세요.

156 grandir
자라다

J'ai ______ à Busan.
나는 부산에서 자랐다.

157 adolescent(e)
청소년

Mon fils ______ est amoureux.
나의 청소년기 아들 녀석이 사랑에 빠졌다.

158 an
~살, ~세

Nous aurons trente ______ l'année prochaine.
우리는 내년에 서른 살이 된다.

Hint 152 vie 153 est né 154 bébé 155 enfant 156 grandi 157 adolescent 158 ans

159

☐ ☐ ☐

**adulte**

남 여 어른, 성인

Combien coûte le billet pour ______ ?

성인용 표는 얼마예요?

---

160

☐ ☐ ☐

**rencontrer**

만나다

As-tu ______ mon petit ami ?

내 남자 친구를 만난 적 있니?

---

161

☐ ☐ ☐

**amour**

남 사랑

Vous ne pouvez pas acheter l'______.

사랑은 돈으로 살 수 없다.

---

162

☐ ☐ ☐

**combat**

남 싸움

Nous avons eu un grand ______.

우리는 대판 싸웠다.

---

163

☐ ☐ ☐

**se marier**

결혼하다

Nous nous sommes ______ jeunes.

우리는 어린 나이에 결혼했다.

---

164

☐ ☐ ☐

**femme**

여 아내

Nous sommes mari et ______.

우리는 부부예요.

---

165

☐ ☐ ☐

**mari**

남 남편

Il est mon ex-______.

그는 저의 전 남편이에요.

---

**Hint** 159 adulte 160 rencontré 161 amour 162 combat 163 mariés 164 femme 165 mari

166

□ □ □

**vivre**

살다, 생존하다

On ______ pour être heureux.

우리는 행복하기 위해 산다.

167

□ □ □

**enfance**

여 어린 시절

J'ai des souvenirs d' ______ heureux.

내게는 행복한 어린 시절의 추억이 있다.

168

□ □ □

**anniversaire**

남 생일

C'est quand, votre ______ ?

생일이 언제예요?

169

□ □ □

**célibataire**

미혼의, 결혼하지 않은

Cet abri est réservé aux mères ______.

이곳은 미혼모 쉼터이다.

170

□ □ □

**vieillir**

나이 들어가다, 늙어가다

On ne peut pas arrêter de ______.

나이 드는 것을 막을 수는 없다.

171

□ □ □

**survivre**

살아남다

Personne n'a ______ à l'accident.

아무도 그 사고에서 살아남지 못했다.

172

□ □ □

**mourir**

죽다

Il est ______ tout à coup.

그는 급사했다.

**Hint** 166 vit 167 enfance 168 anniversaire 169 célibataires 170 vieillir 171 survécu 172 mort

# 플러스 단어

homme 남 남자

femme 여 여자

âge 남 나이

nouveau-né 남 갓 태어난 아기

bébé 남 영아, 젖먹이

bambin 남 (걸음마를 배우는 단계의) 아기

adulte 남 여 성인; 다 자란

rencontre arrangée 여 소개팅

rendez-vous amoureux 남 데이트

petit ami 남 남자 친구

petite amie 여 여자 친구

rompre avec ~와 헤어지다

se fiancer 약혼하다

fiancé 남 (남자) 약혼자

fiancée 여 약혼녀

demander la main 청혼하다

mariage 남 결혼

jeune-mariée 여 신부

jeune-marié 남 신랑

enceinte 임신한

accoucher ~를 출산하다

anniversaire 남 생일, 기념일

tromper 바람피우다, 외도하다

être séparé 별거하다

divorce 남 이혼

veuve 여 과부

veuf 남 홀아비

décéder 돌아가시다

funérailles 여 복 장례식

tombe 여 무덤

# 미니 테스트

## 1 다음 단어의 뜻을 적어 보세요.

1 vieillir ____________
2 adolescent ____________
3 naître ____________
4 combat ____________
5 vie ____________
6 célibataire ____________

## 2 다음 뜻을 프랑스어로 써 보세요.

1 남편 ____________
2 살아남다 ____________
3 어린이, 아이 ____________
4 ~살, ~세 ____________
5 생일 ____________
6 만나다 ____________

## 3 프랑스어와 우리말 뜻을 알맞게 연결해 보세요.

1 자라다 • ① mourir
2 성인 • ② grandir
3 죽다 • ③ enfance
4 어린 시절 • ④ adulte

1 1. 나이 들어가다, 늙어가다 2. 청소년 3. 태어나다 4. 싸움 5. 인생, 삶, 목숨 6. 미혼의, 결혼하지 않은
2 1. mari 2. survivre 3. enfant 4. an 5. anniversaire 6. rencontrer
3 1. ② 2. ④ 3. ① 4. ③

공부 순서 □ MP3 듣기 ➡ □ 단어 암기 ➡ □ 예문 빈칸 채우기 ➡ □ 단어암기 동영상

# 계절과 날씨

**ensoleillé** 화창한

**nuageux** 흐린, 구름 낀

**pluvieux** 비 오는

**neigeux** 눈 오는

**venteux** 바람 부는

**orageux** 비바람이 부는

173

saison

여 계절

Quelle est votre ______ préférée ?

어떤 계절을 가장 좋아하세요?

174

printemps

남 봄

Les fleurs de ______ sont partout.

봄꽃들이 여기저기 피어 있다.

175

été

남 여름

Ce festival d'______ dure une semaine.

이번 여름 축제는 일주일 동안 계속된다.

176

automne

남 가을

L'______ est la meilleure saison pour la randonnée.

가을은 하이킹하기에 가장 좋은 계절이다.

177

hiver

남 겨울

Nous avons passé l'______ à Hawaii.

우리는 겨울을 하와이에서 보냈다.

178

temps

남 날씨

Quel ______ fait-il ?

날씨가 어때요?

179

température

여 기온

La ______ a fortement baissé.

기온이 뚝 떨어졌다.

Hint 173 saison 174 printemps 175 été 176 automne 177 hiver 178 temps 179 température

180 chaud(e)
더운

Il fait ____ ici, n'est-ce pas ?
여기는 덥네요, 안 그래요?

181 froid(e)
추운, 차가운

J'avais mal aux oreilles à cause du vent ____.
차가운 바람 때문에 귀가 시렸다.

182 frais
시원한
여 fraîche

Le vent d'automne est ____.
가을바람이 시원하다.

183 frisquet(te)
쌀쌀한

Il fait ____ le soir.
밤공기가 쌀쌀하다.

184 humide
습한

Je n'aime pas le temps chaud et ____.
나는 후텁지근한 날씨가 싫다.

185 pleuvoir
비가 내리다

Il ____ toute la journée.
하루 종일 비가 내리고 있다.

186 neige
눈

La première ____ est tombée au début de l'hiver.
올해 겨울엔 첫눈이 일찍 내렸다.

★ neiger 눈이 내리다

Hint 180 chaud 181 froid 182 frais 183 frisquet 184 humide 185 pleut 186 neige

187

- [ ] 
- [ ] 
- [ ] 

## parapluie

ⓝ 우산

Avez-vous votre ______ ?

우산 있어요?

188

## ensoleillé(e)

화창한

C'est une belle journée ______ .

밝고 화창한 날이에요.

189

## nuageux

흐린, 구름 낀

ⓕ nuageuse

Il fait trop ______ pour un pique-nique.

소풍을 가기에는 날씨가 너무 흐리다.

190

## du vent

바람 부는

Il marchait dans la rue ___ ______ .

그는 바람 부는 거리를 걸어갔다.

⊜ venteux

191

## brumeux

안개가 짙은

Soyez prudent au volent un jour ______ .

안개 짙은 날에는 운전을 조심하세요.

⊜ de brouillard

192

## orageux

비바람이 부는, 폭풍우가 내리는

ⓕ orageuse

Le bateau s'est retourné dans la mer ______ .

비바람이 부는 바다에서 배가 뒤집혔다.

193

## inondation

ⓕ 홍수

La route a été détruite par les ______ .

홍수로 도로가 파괴되었다.

**Hint** 187 parapluie 188 ensoleillée 189 nuageux 190 du vent 191 brumeux 192 orageuse 193 inondations

## 플러스 단어

climat 남 기후

météo 여 일기예보

tonnerre 남 천둥

foudre 여 번개

tempête 여 비바람, 폭풍

orage 남 뇌우

tempête de neige 여 눈보라

bonhomme de neige 남 눈사람

bataille de boules de neige 여 눈싸움

grêle 여 우박

neige fondue 여 진눈깨비

arc en ciel 남 무지개

averse 여 소나기

saison des pluies 여 장마철

chute de pluie 여 강수량

poussière jaune 여 황사

sécheresse 여 가뭄

réchauffement climatique 남 지구 온난화

chaud(e) 따뜻한

clair(e) 날씨가 갠

gelé(e) 몹시 추운

typhon 남 태풍

ouragan 남 허리케인

tsunami 남 쓰나미

tornade 여 토네이도

tremblement de terre 남 지진

masque 남 마스크

ventilateur 남 선풍기

climatiseur 남 에어컨

chauffage 남 난방기

# 미니 테스트

단어 암기 동영상을 보면서 복습하세요

## 1 다음 단어의 뜻을 적어 보세요.

1 printemps ______________ 2 frais ______________

3 chaud ______________ 4 inondation ______________

5 ensoleillé ______________ 6 temps ______________

## 2 다음 뜻을 프랑스어로 써 보세요.

1 안개가 짙은 ______________ 2 여름 ______________

3 우산 ______________ 4 추운, 차가운 ______________

5 계절 ______________ 6 비가 내리다 ______________

## 3 프랑스어와 우리말 뜻을 알맞게 연결해 보세요.

1 습한 • ① du vent

2 바람 부는 • ② automne

3 기온 • ③ humide

4 가을 • ④ température

1 **1.** 봄 **2.** 시원한 **3.** 더운 **4.** 홍수 **5.** 화창한 **6.** 날씨
2 **1.** brumeux **2.** été **3.** parapluie **4.** froid **5.** saison **6.** pleuvoir
3 **1.** ③ **2.** ① **3.** ④ **4.** ②

Jour 10

공부 순서 □ MP3 듣기 ➡ □ 단어 암기 ➡ □ 예문 빈칸 채우기 ➡ □ 단어암기 동영상

# 동식물과 자연

un chien 개

un chat 고양이

un coq 닭

un bœuf 소

un cheval 말

un porc 돼지

194
## animal
남 동물
복 animaux

Jean est un amoureux des ________.
장은 동물 애호가이다.

195
## oiseau
남 새
복 oiseaux

Il y a des ________ qui ne peuvent pas voler.
날지 못하는 새들도 있다.

196
## poisson
남 물고기

Avez-vous attrapé un ________ ?
물고기 좀 잡았어요?

197
## animal de compagnie
남 애완동물

Accès interdit aux ________ ________ ________.
애완동물 출입 금지

198
## insecte
남 벌레, 곤충

Les ________ volants sont vraiment ennuyeux.
날벌레들은 정말 성가시다.

199
## élever
(동물을) 기르다

Nous ________ deux caniches.
우리는 푸들을 두 마리 기른다.

200
## pondre
(알을) 낳다

La poule vient de ________ un œuf.
암탉이 방금 알을 낳았다.

**Hint** 194 animaux 195 oiseaux 196 poisson 197 animaux de compagnie 198 insectes 199 élevons 200 pondre

201
- ☐
- ☐
- ☐

## planter
식물을 심다

Elle ________ des herbes dans des pots.
그녀는 화분에 허브를 심는다.

---

202
- ☐
- ☐
- ☐

## arbre
남 나무

Il aime la grimpe d'________.
그는 나무 타기를 좋아한다.

---

203
- ☐
- ☐
- ☐

## fleur
여 꽃

Ce sont des ________ artificielles.
그것들은 조화이다.

---

204
- ☐
- ☐
- ☐

## feuille
여 잎, 나뭇잎

Balayez les ________ dans la cour, s'il vous plaît.
마당의 나뭇잎들을 쓸어 주세요.

---

205
- ☐
- ☐
- ☐

## grain
남 씨, 씨앗

Semez des ________ dans le sol.
그 씨앗들을 땅에 뿌리세요.

---

206
- ☐
- ☐
- ☐

## cultiver
(식물을) 재배하다

Les tomates sont faciles à ________.
토마토는 재배하기가 쉽다.

---

207
- ☐
- ☐
- ☐

## arroser
물을 주다

________ les plantes pendant mon absence.
제가 없는 동안 식물에 물을 주세요.

---

**Hint** 201 plante 202 arbres 203 fleurs 204 feuilles 205 grains 206 cultiver 207 Arrosez

208
□ □ □
**nature**
여 자연

C'est contraire aux lois de la ______.
그것은 자연의 법칙에 어긋난다.

209
□ □ □
**montagne**
여 산

La ______ n'est pas facile à monter.
그 산은 오르기가 쉽지 않다.

210
□ □ □
**rivière**
여 강

Mon appartement donne sur la ______.
나의 아파트에서는 강이 내려다보인다.

211
□ □ □
**forêt**
여 숲

Ils ont été perdus dans la ______.
그들은 숲 속에서 길을 잃었다.

212
□ □ □
**champ**
남 들판

Regardez le ______ de blé.
저 밀밭을 보세요.

213
□ □ □
**désert**
남 사막

Cet endroit a été un ______.
이곳은 예전에 사막이었다.

214
□ □ □
**île**
여 섬

Le Japon est une ______.
일본은 섬나라이다.
= pays insulaire

Hint 208 nature 209 montagne 210 rivière 211 forêt 212 champ 213 désert 214 île

# 플러스 단어

chiot 남 강아지

chaton 남 새끼고양이

canard 남 오리

lapin 남 토끼

hamster 남 햄스터

animal sauvage 남 야생 동물

ours 남 곰

singe 남 원숭이

éléphant 남 코끼리

serpent 남 뱀

baleine 여 고래

tortue 여 거북

océan 남 대양, 바다

terre 여 땅, 육지

continent 남 대륙

rose 여 장미

lis 남 백합

tournesol 남 해바라기

tulipe 여 튤립

chêne 남 참나무

pin 남 소나무

érable 남 단풍나무

racine 여 뿌리

branche 여 나뭇가지

cactus 남 선인장

cannabis 남 잡초

colline 여 언덕

lac 남 호수

pâturage 남 목초지

verger 남 과수원

## 미니 테스트

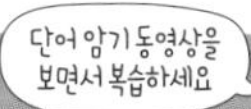

### 1 다음 단어의 뜻을 적어 보세요.

1 grain ____________ 2 forêt ____________

3 rivière ____________ 4 planter ____________

5 élever ____________ 6 champ ____________

### 2 다음 뜻을 프랑스어로 써 보세요.

1 벌레, 곤충 ____________ 2 산 ____________

3 (알을) 낳다 ____________ 4 물고기 ____________

5 섬 ____________ 6 (식물을) 재배하다 ____________

### 3 프랑스어와 우리말 뜻을 알맞게 연결해 보세요.

1 애완동물 • ① feuille

2 자연 • ② désert

3 잎, 나뭇잎 • ③ nature

4 사막 • ④ animal de compagnie

1 1. 씨, 씨앗 2. 숲 3. 강 4. 식물을 심다 5. (동물을) 기르다 6. 들판
2 1. insecte 2. montagne 3. pondre 4. poisson 5. île 6. cultiver
3 1. ④ 2. ③ 3. ① 4. ②

Jour 11

공부 순서 □ MP3 듣기 ➡ □ 단어 암기 ➡ □ 예문 빈칸 채우기 ➡ □ 단어암기 동영상

# 우리 집

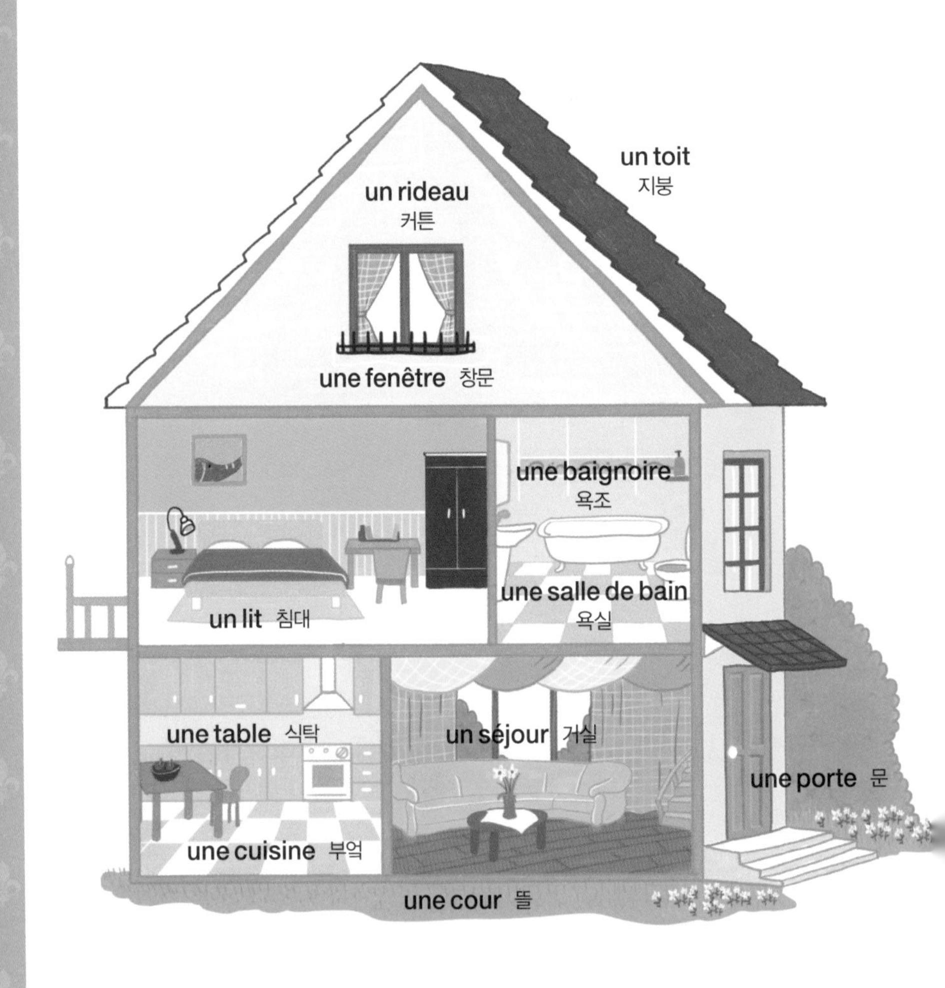

215
maison
여 집

Ma ______ n'est pas loin d'ici.
우리 집은 여기에서 멀지 않아요.

216
chambre
여 방

Je voudrais ma propre ______.
방을 혼자 쓰고 싶어요.

217
porte
여 문

Fermez la ______ doucement.
문을 살살 닫으세요.

218
fenêtre
여 창문

La chambre n'a pas de ______.
그 방은 창문이 없다.

219
jardin
남 정원

J'aimerais une maison avec un ______.
정원이 있는 집을 원해요.

220
habiter
~에 살다, 거주하다

Ils ______ dans le sous-sol.
그들은 지하실에서 산다.

221
meuble
남 가구

Tous les ______ ont l'air chers.
가구가 전부 비싸 보이네요.

Hint 215 maison 216 chambre 217 porte 218 fenêtre 219 jardin 220 habitent 221 meubles

222

**mur**

남 벽, 담

Le ______ est recouvert de graffitis.

벽은 그래피티(낙서)로 뒤덮여 있나.

223

**toit**

남 지붕, 옥상

Nous avons un jardin sur le ______.

우리 집에는 옥상 정원이 있다.

224

**plafond**

남 천장

Son ______ est élevé.

그것의 천장은 높다.

225

**parquet**

남 (마룻) 바닥

Je préfère le ______.

저는 목재 바닥을 선호해요.

226

**construire**

(건물을) 짓다

Quand cette maison est-elle ______ ?

이 집은 언제 지어졌어요?

227

**déménager**

이사하다

On va ______ la semaine prochaine.

우리는 다음 주에 이사해요.

228

**adresse**

여 주소

Puis-je avoir votre ______ de domicile ?

집 주소를 말씀해 주시겠어요?

**Hint** 222 mur 223 toit 224 plafond 225 parquet 226 construite 227 déménager 228 adresse

229

loyer

남 집세

Quel est le ______ de cette maison ?

이 집은 집세가 얼마예요?

230

bâtiment

남 건물, 빌딩

Ce ______ se trouve près de la gare.

이 건물은 역에서 가까워요.

231

escalier

남 계단

Les ______ sont raides.

계단이 가파르네요.

232

ascenseur

남 엘리베이터

Prenons l'______.

엘리베이터를 탑시다.

233

parking

남 주차장

Où est le ______ ?

주차장이 어디예요?

234

facture

여 고지서, 청구서

Il faut payer la ______ d'eau jusqu'à quand?

언제까지 수도 요금을 내야 해요?

235

quartier

남 동네

Y a-t-il un bon dentiste dans le ______ ?

이 동네에 괜찮은 치과가 있나요?

**Hint** 229 loyer 230 bâtiment 231 escaliers 232 ascenseur 233 parking 234 facture 235 quartier

# 집 안에서 볼 수 있는 물건

| | | |
|---|---|---|
| commode | 여 | 서랍장 |
| placard | 남 | 붙박이장 |
| coiffeuse | 여 | 화장대 |
| table de chevet | 여 | 사이드 테이블 |
| lampe de chevet | 여 | (침대 옆) 램프 |
| réveil | 남 | 자명종 |
| oreiller | 남 | 베개 |
| drap | 남 | (침대) 시트 |
| couverture | 여 | 담요 |
| couverture électrique | 여 | 전기요 |
| store | 남 | 블라인드 |
| humidificateur | 남 | 가습기 |

| | | |
|---|---|---|
| baignoire | 여 | 욕조 |
| douche | 여 | 샤워기, 샤워실 |
| lavabo | 남 | 세면대 |
| cuvette des toilettes | 여 | 변기 |
| robinet | 남 | 수도꼭지 |
| serviette | 여 | 수건 |
| sèche-cheveux | 남 | 헤어드라이어 |
| peigne | 남 | 빗 |
| savon | 남 | 비누 |
| shampooing | 남 | 샴푸 |
| dentifrice | 남 | 치약 |
| brosse à dents | 여 | 칫솔 |
| fil dentaire | 남 | 치실 |
| brosse interdentaire | 여 | 치간 칫솔 |
| bain de bouche | 남 | 구강 청정제 |
| rasoir | 남 | 면도기 |

| | | | |
|---|---|---|---|
| canapé | 남 (2~3인용) 소파 | TV murale | 여 벽걸이 TV |
| fauteuil | 남 (1인용) 팔걸이 소파 | coussin | 남 쿠션 |
| table basse | 여 (거실용) 탁자 | tapis | 남 카펫, 양탄자 |
| cheminée | 여 벽난로 | descente | 여 (바닥) 깔개, 작은 카펫 |
| bibliothèque | 여 책장 | lampe standard | 여 (바닥에 세워 두는) 램프 |

| | | | |
|---|---|---|---|
| réfrigérateur/frigo | 남 냉장고 | couteau | 남 칼 |
| congélateur | 남 냉동고 | planche à découper | 여 도마 |
| évier | 남 개수대 | pot | 남 냄비 |
| cuisinière à gaz | 여 가스레인지 | poêle à frire | 여 프라이팬 |
| cuisinière électrique | 여 전기레인지 | mixeur | 남 믹서 |
| micro-ondes | 남 전자레인지 | grille-pain | 남 토스터기 |
| four | 남 오븐 | assiette | 여 접시 |
| lave-vaisselle | 남 식기세척기 | bol | 남 볼, (우묵하게 파인) 그릇 |
| rangement | 남 수납장 | plateau | 남 쟁반 |

## 플러스 단어

maison 여 집, 가정

porte d'entrée 여 대문, 현관문

véranda 남 베란다

cheminée 여 굴뚝

boîte aux lettres 여 우편함

sonnette 여 초인종

alarme incendie 여 화재경보기

salle à manger 여 식당

sous-sol 남 지하실

garage 남 차고

clôture 여 울타리

papier peint 남 벽지

prise de courant 여 콘센트

agence immobilière 여 부동산 중개소

agent immobilier 남 부동산 중개인

immeuble 남 건물

appartement 남 아파트, 호

bâtiment 남 건물, 동

propriétaire de maison 남 여 집주인

locataire 남 여 세입자

gardien(ne) 남 여 경비원

resident 거주인, 주민

vacant 사람이 안 사는

loyer mensuel 남 월세

centre ville 남 도심, 시내에

banlieue 여 근교

plan 남 설계(도면)

décorer 꾸미다, 장식하다

rénover 개조하다, 보수하다

démolir 철거하다

# 미니 테스트

## 1 다음 단어의 뜻을 적어 보세요.

1 loyer ____________

2 mur ____________

3 fenêtre ____________

4 quartier ____________

5 plafond ____________

6 bâtiment ____________

## 2 다음 뜻을 프랑스어로 써 보세요.

1 가구 ____________

2 주차장 ____________

3 계단 ____________

4 ~에 살다, 거주하다 ____________

5 주소 ____________

6 (마룻) 바닥 ____________

## 3 프랑스어와 우리말 뜻을 알맞게 연결해 보세요.

1 이사하다 •　　① facture

2 정원 •　　② déménager

3 고지서, 청구서 •　　③ toit

4 지붕, 옥상 •　　④ jardin

1 1. 집세　2. 벽, 담　3. 창문　4. 동네　5. 천장　6. 건물, 빌딩
2 1. meuble　2. parking　3. escalier　4. habiter　5. adresse　6. parquet
3 1. ②　2. ④　3. ①　4. ③

Jour 12

공부 순서 □ MP3 듣기 ➡ □ 단어 암기 ➡ □ 예문 빈칸 채우기 ➡ □ 단어암기 동영상

# 식생활

236
☐ **nourriture**
☐ 여 음식
☐

Essayez de manger de la ________ saine.
건강에 좋은 음식을 먹도록 노력하세요.

237
☐ **repas**
☐ 남 밥, 식사
☐

Que diriez-vous de sortir pour un ________ ?
밥 먹으러 나갈까요?

238
☐ **petit déjeuner**
☐ 남 아침밥
☐

Je ne prends pas le ________ ________ .
나는 아침을 안 먹는다.

239
☐ **déjeuner**
☐ 남 점심밥
☐

Le ________ est sur moi.
점심밥은 내가 살게요.

240
☐ **dîner**
☐ 남 저녁식사(하다)
☐

Je n'ai pas encore ________ .
아직 저녁밥을 못 먹었어요.

241
☐ **régime**
☐ 남 식단, 다이어트
☐

Vous n'avez pas besoin d'un ________ alimentaire.
당신은 다이어트를 할 필요가 없어요.

242
☐ **menu**
☐ 남 메뉴, 메뉴판
☐

Peut-on avoir le ________ ?
메뉴판 좀 주실래요?

**Hint** 236 nourriture 237 repas 238 petit déjeuner 239 déjeuner 240 dîné
241 régime 242 menu

243
- ☐ ☐ ☐

## soupe

여 수프, 국, 탕

J'aime la [          ] de poulet coréenne.

나는 삼계탕을 좋아한다.

---

244
- ☐ ☐ ☐

## pain

남 빵

J'adore le [          ].

그녀는 빵을 진짜 좋아해요.

---

245
- ☐ ☐ ☐

## dessert

남 후식

Quel est le [          ] ?

후식은 뭐예요?

---

246
- ☐ ☐ ☐

## légume

남 채소

Mangez plus de [          ].

채소를 더 많이 드세요.

---

247
- ☐ ☐ ☐

## fruit

남 과일

Le jus de [          ] a trop de sucre.

과일 주스에는 설탕이 과도하게 들어 있어요.

---

248
- ☐ ☐ ☐

## organique

유기농의

Cette pomme est-elle [          ] ?

이 사과는 유기농인가요?

---

249
- ☐ ☐ ☐

## recette

여 조리법

Pouvez-vous me donner la [          ] ?

그 조리법 좀 알려 주실래요?

---

**Hint** 243 soupe 244 pain 245 dessert 246 légumes 247 fruit 248 organique 249 recette

250
☐ ☐ ☐
**boire**
마시다

Vous devriez ______ plus d'eau.
물을 더 드셔야 해요.

251
☐ ☐ ☐
**goût**
남 맛

Je n'aime pas le ______ de cette soupe.
저는 이 스프 맛을 좋아하지 않습니다.

252
☐ ☐ ☐
**saignant**
(스테이크를) 살짝 익힌

Je voudrais mon steak ______.
스테이크는 살짝 익혀 주세요.

253
☐ ☐ ☐
**goûter**
남 간식

Je vais préparer le ______ pour vous.
간식을 준비해 둘게요.

254
☐ ☐ ☐
**bon**
맛있는

C'est très ______.
참 맛있네요.

255
☐ ☐ ☐
**sucré**
(맛이) 단

C'est ______.
달다.

256
☐ ☐ ☐
**salé**
(맛이) 짠

Les chips sont trop ______.
감자 칩이 너무 짜다.

**Hint** 250 boire 251 goût 252 saignant 253 goûter 254 bon 255 sucré 256 salés

# 과일, 야채, 육류, 해산물, 음료 이름

과일

| | | | |
|---|---|---|---|
| une pomme<br>사과 | une poire<br>배 | une pêche<br>복숭아 | une banane<br>바나나 |
| un melon<br>멜론 | une orange<br>오렌지 | un raisin<br>포도 | une prune<br>자두 |
| un kiwi<br>키위 | un mango<br>망고 | une cerise<br>체리 | une fraise<br>딸기 |

채소

| | | | |
|---|---|---|---|
| une pomme de terre<br>감자 | un oignon<br>양파 | une carotte<br>당근 | un champignon<br>버섯 |
| un maïs<br>옥수수 | une tomate<br>토마토 | une laitue<br>상추 | un chou<br>양배추 |
| un broccoli<br>브로콜리 | un haricot<br>콩 | une carotte<br>홍당무 | un ail<br>마늘 |
| des épinards<br>시금치 | une courgette<br>애호박 | un céleri<br>샐러리 | une aubergine<br>가지 |

## 육류

| | | | |
|---|---|---|---|
| un bœuf<br>소고기 | un porc<br>돼지고기 | un poulet<br>닭고기 | un agneau<br>양고기 |
| un steak<br>스테이크 | un rôti<br>구이용 고기 | une côte<br>갈비 | une saucisse<br>소시지 |

## 해산물

| | | | |
|---|---|---|---|
| un saumon<br>연어 | un thon<br>참치 | un hareng<br>청어 | un anchois<br>멸치 |
| une truite<br>송어 | un espadon<br>황새치 | une crevette<br>새우 | une huître<br>굴 |
| un calmar<br>오징어 | un coquillage<br>조개 | un crabe<br>게 | un homard<br>바닷가재 |

## 음료, 주류

| | | | |
|---|---|---|---|
| une eau<br>물 | un coca<br>콜라 | un soda<br>탄산음료 | un thé<br>차 |
| une limonade<br>레모네이드 | une bière<br>맥주 | un vin<br>포도주 | un cocktail<br>칵테일 |

# 플러스 단어

habitude alimentaire 여 식습관

trop manger 과식하다

aller au restaurant 외식하다

végétarien(ne) 남 여 채식주의자

fast-food 남 패스트푸드

slow-food 남 슬로푸드

junk-food 남 불량 식품

plat 남 요리

apéritif 남 식욕촉진 음료, 에피타이저

plat principal 남 주요리

garniture 여 곁들임 요리

fruits de mer 남 복 해산물

viande 여 육류

épice 여 양념, 향신료

sucre 남 설탕

sel 남 소금

amer (맛이) 쓴

aigre (맛이) 신

bien cuit (스테이크를) 바짝 익힌

faire cuire au four 오븐에 굽다

faire bouillir 삶다, 끓이다

faire frire 볶다, 지지다

faire cuire à la vapeur 찌다

## Tip 달걀 조리법에 대한 표현

frit 프라이한

brouillé 스크램블된, 휘저어 익힌

tourné 한쪽은 바짝 익히고 다른 쪽은 살짝만 익힌

au miroir 한쪽만 익히고 다른 쪽은 익히지 않은

œuf dur 완숙한 달걀

œuf mou 반숙한 달걀

poché 달걀을 깨뜨려 물에 살짝 익힌, 수란의

omelette 오믈렛

# 미니 테스트

## 1 다음 단어의 뜻을 적어 보세요.

1 régime ____________

2 saignant ____________

3 goût ____________

4 recette ____________

5 salé ____________

6 petit déjeuner ____________

## 2 다음 뜻을 프랑스어로 써 보세요.

1 (맛이) 신 ____________

2 메뉴, 메뉴판 ____________

3 저녁식사(하다) ____________

4 과일 ____________

5 후식 ____________

6 맛있는 ____________

## 3 프랑스어와 우리말 뜻을 알맞게 연결해 보세요.

1 채소 •　　① goûter

2 간식 •　　② organique

3 밥, 식사 •　　③ repas

4 유기농의 •　　④ légume

1 1. 식단, 다이어트　2. (스테이크를) 살짝 익힌　3. 맛　4. 조리법　5. (맛이) 짠　6. 아침밥
2 1. aigre　2. menu　3. dîner　4. fruit　5. dessert　6. bon
3 1. ④　2. ①　3. ③　4. ②

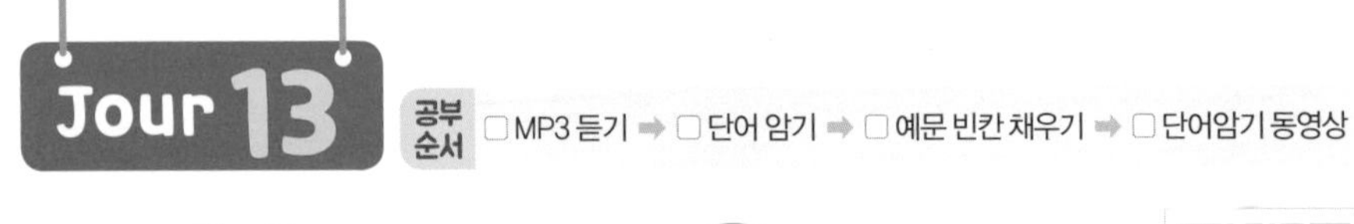
Jour 13
공부 순서
MP3 듣기 ➡ 단어 암기 ➡ 예문 빈칸 채우기 ➡ 단어암기 동영상

# 의복과 미용

MP3를 들어보세요

un chapeau 모자
des lunettes 안경
une cravate 넥타이
une montre 손목시계
une veste 재킷
un pantalon 바지
un sac 가방
des chaussures 구두

257

**vêtement**

남 옷

Je n'ai pas de ________ propres.

깨끗한 옷이 하나도 없어요.

---

258

**porter**

입고 있다, 신고 있다, 쓰고 있다

Peu importe ce que vous ________.

무엇을 입는지는 중요하지 않아요.

---

259

**mettre**

~을 입다, 신다, 쓰다

Je vais devoir ________ mes lunettes.

안경을 써야겠어요.

---

260

**enlever**

~을 벗다

________ vos chaussures.

신발을 벗으세요.

---

261

**mode**

여 유행, 패션

Les bottes longues sont à la ________ cet hiver.

올 겨울에는 롱부츠가 유행이다.

---

262

**paire**

여 쌍, 벌, 켤레

Les chaussures sont de 100 € la ________.

그 신발은 한 켤레에 100유로예요.

---

**Tip**

**porter / avoir / mettre**는 옷을 입고 신발을 신고 안경, 목걸이, 반지, 시계 등 액세서리를 착용할 때 두루 쓰입니다. 단, **porter**와 **avoir**는 착용하고 있는 상태를 가리키지만, **mettre**는 착용하는 동작을 가리킨다는 점에서 차이가 있습니다.

**Hint** 257 vêtements 258 portez 259 mettre 260 Enlevez 261 mode 262 paire

263

☐ ☐ ☐ **uniforme**

㊚ 제복, 유니폼

On doit porter un ________ ?

유니폼을 입어야 하나요?

264

☐ ☐ ☐ **jean**

㊚ 청바지

Tout le monde aime le ________.

모두가 청바지를 좋아한다.

265

☐ ☐ ☐ **chaussette**

㊛ 양말

Il porte des ________ dépareillées.

그는 양말을 짝짝이로 신고 있다.

266

☐ ☐ ☐ **gant**

㊚ 장갑

Portez des ________ quand vous le touchez.

그것을 만질 때는 장갑을 끼세요.

267

☐ ☐ ☐ **portefeuille**

㊚ 지갑

J'ai laissé mon ________ dans le taxi.

지갑을 택시 안에 두고 내렸어요.

268

☐ ☐ ☐ **nouveau**

새, 새로운

㊛ nouvelle

Je n'ai pas besoin de ________ vêtements.

새 옷은 필요 없어요.

269

☐ ☐ ☐ **bijou**

㊚ 보석

Les voleurs ont pris de l'argent et des ________.

도둑들은 현금과 보석을 훔쳤다.

**Hint** 263 uniforme 264 jean 265 chaussettes 266 gants 267 portefeuille 268 nouveaux 269 bijoux 270 taille 271 couleur 272 essayer 273 serrée 274 lâches

270

**taille**

여 사이즈, 치수

Cette jupe est de ______ 36 ?
이 치마가 36 사이즈인가요?

271

**couleur**

여 색, 색깔

Je préfère porter une ______ vive.
저는 밝은 색깔의 옷을 입는 것을 선호해요.

272

**essayer**

~을 입어 보다

Puis-je l'______ ?
입어 봐도 돼요?

273

**serré(e)**

꽉 끼는

Cette veste est un peu ______.
이 재킷은 좀 꽉 끼네요.

274

**lâche**

헐렁한, 느슨한

Vos lacets sont ______.
신발 끈이 느슨해졌어요.

**색깔**

| | | |
|---|---|---|
| rouge 빨간색 | bleu 파란색 | jaune 노란색 |
| rose 분홍색 | violet 보라색 | vert 초록색 |
| blanc 흰색 | noir 검정색 | gris 회색 |
| orange 오렌지색 | bleu marin 남색 | brun 갈색 |
| argent 은색 | or 금색 | beige 베이지색 |

275

miroir

남 거울

Regardez-vous dans le ______.

거울 속의 당신의 모습을 보세요.

276

maquillage

남 화장품

Elle ne portait aucun ______.

그녀는 민낯이었어요.

277

coupe de cheveux

여 이발, 커트

J'aime ta nouvelle ______ ______ ______.

새로 머리 자른 게 마음에 들어요.

278

chic

맵시 있는, 유행을 따르는

Elle veut avoir l'air ______.

그녀는 맵시 있게 보이고 싶어 해요.

279

aller bien à + 사람

~에게 잘 어울리다

Je pense qu'il ______ ______ ______.

그게 당신에게 잘 어울릴 것 같아요.

Tip

## 화장품 이름

| | | |
|---|---|---|
| toner 토너 | fond de teint 파운데이션 | vernis à ongle 매니큐어 |
| lotion 로션 | mascara 마스카라 | parfum 향수 |
| crème 크림 | rouge à lèvres 립스틱 | |
| poudre 파우더 | fard à joues 블러셔, 볼터치 | |

Hint 275 miroir 276 maquillage 277 coupe de cheveux 278 chic 279 vous ira bien

## 옷, 신발, 액세서리의 종류

| | | | |
|---|---|---|---|
| un t-shirt<br>티셔츠 | une chemise<br>와이셔츠 | un chemisier<br>블라우스 | un capuchon<br>후드 티셔츠 |
| un chandail<br>스웨터 | un pull à col roulé<br>터틀넥 | un cardigan<br>카디건 | un gilet<br>조끼 |
| une robe<br>원피스 | une robe de soirée<br>이브닝 드레스 | un smoking<br>턱시도 | un nœud papillon<br>나비넥타이 |
| un short<br>반바지 | une jupe<br>치마 | une salopette<br>멜빵바지 | une combinaison<br>점프수트 |
| un manteau<br>외투 | un trench-coat<br>바바리코트 | un imperméable<br>비옷 | un parka / anorak<br>파카 |
| un costume<br>양복 | un pyjamas<br>잠옷 | un maillot de bains<br>수영복 | un survêtement<br>운동복 |
| une écharpe<br>목도리 | des mitaines<br>벙어리장갑 | un cache-oreilles<br>귀마개 | une casquette<br>야구모자 |

# 플러스 단어

vêtement 남 의류

tissu 남 천

sous-vêtement 남 속옷

col 남 옷깃, 칼라

manche 여 소매

bouton 남 단추

fermeture éclair 여 지퍼

poche 여 주머니, 호주머니

boucle d'oreille 여 귀걸이

collier 남 목걸이

bague 여 반지

bracelet 남 팔찌

ceinture 여 벨트

bandeau 남 머리띠

motif 남 문양

à carreaux 체크무늬의

rayé 줄무늬의

à pois 물방울무늬

fleuri 꽃무늬의

accessoires 남 복 액세서리, 장신구

cabine d'essayage 여 탈의실

salon de beauté 남 미용실

salon de coiffure 남 이발소

salon de manucure 남 네일샵

coiffeur 남 이발사

soin des cheveux 남 머리 손질

soin de la peau 남 피부 관리

massage 남 마사지

tailler 다듬다, 손질하다

permanente 여 파마

# 미니 테스트

## 1 다음 단어의 뜻을 적어 보세요.

1 essayer ____________

2 bijou ____________

3 enlever ____________

4 lâche ____________

5 paire ____________

6 chaussette ____________

## 2 다음 뜻을 프랑스어로 써 보세요.

1 장갑 ____________

2 ~에게 잘 어울리다 ____________

3 옷 ____________

4 청바지 ____________

5 이발, 커트 ____________

6 제복, 유니폼 ____________

## 3 프랑스어와 우리말 뜻을 알맞게 연결해 보세요.

| | | |
|---|---|---|
| 1 거울 | • | ① serré |
| 2 맵시 있는, 유행을 따르는 | • | ② portefeuille |
| 3 꽉 끼는 | • | ③ miroir |
| 4 지갑 | • | ④ chic |

1 1. ~을 입어 보다 2. 보석 3. ~을 벗다 4. 헐렁한, 느슨한 5. 쌍, 벌, 켤레 6. 양말
2 1. gant 2. aller bien à + 사람 3. vêtement 4. jean 5. coupe de cheveux 6. uniforme
3 1. ③ 2. ④ 3. ① 4. ②

# Jour 14

공부 순서 □ MP3 듣기 ➡ □ 단어 암기 ➡ □ 예문 빈칸 채우기 ➡ □ 단어암기 동영상

MP3를 들어보세요

**un grand magasin**
백화점

**un magasin de vêtements** 옷가게

**une quincaillerie**
철물점

**une épicerie**
식료품점

**un marché aux puces**
벼룩시장

**un marché de fermiers**
농산물 직거래 장터

280

magasin
(남) 가게, 상점

Tous les ______ sont fermés.
모든 가게가 문을 닫았다.

281

acheter
사다, 구입하다

J'ai ______ ce pantalon à 10 €.
10유로 주고 이 바지를 샀다.

282

vendre
팔다

______-vous des sacs à ordures ?
쓰레기봉투 팔아요?

283

prix
(남) 가격

Le billet pour enfant est à moitié ______.
어린이 입장권은 반값이다.

284

cher
값이 비싼
(여) chère

Je pense que le vêtement ______ en vaut la peine.
비싼 옷은 그만한 가치가 있다고 생각한다.

285

bon marché
값이 싼, 저렴한

Vous n'avez pas quelque chose de ______ ______ ?
더 싼 것은 없나요?

286

payer
(돈을) 지불하다

Puis-je ______ par carte bleue ?
신용카드로 지불해도 되나요?

Hint 280 magasins 281 acheté 282 Vendez 283 prix 284 cher 285 bon marché 286 payer

287
client(e)
손님, 고객

Elle est l'une de nos ______ fidèles.
그녀는 우리 가게의 단골손님 중 한 명이다.

288
chercher
~을 찾다

Que ______ -vous ?
어떤 것을 찾으세요?

289
commander
주문하다

Pouvez-vous le ______ pour moi ?
그것을 주문해 주실 수 있나요?

290
combien
얼마의

C'est ______ ?
이거 얼마예요?

291
monnaie
여 잔돈, 거스름돈

Gardez la ______ .
거스름돈은 안 주셔도 돼요.

292
coûter
비용이 들다

Le déjeuner ______ 15 € par personne.
점심 값은 1인당 15유로가 든다.

293
argent
남 돈, 현금

Je n'ai pas assez d' ______ .
현금이 좀 모자라요.

Hint 287 clientes 288 cherchez 289 commander 290 combien 291 monnaie 292 coûte 293 argent

294
☐ ☐ ☐
**vendre**
~(물건을) 판매하다

On ______ des produits divers pour animaux de compagnie.
우리는 다양한 애완용품을 판매한다.

---

295
☐ ☐ ☐
**en rupture de stock**
재고가 없는

Le produit est ___ ______ ___ ______.
그 제품은 재고가 없다.

---

296
☐ ☐ ☐
**épuisé(e)**
다 팔린, 매진된

Je suis désolé, mais ils sont ______.
죄송합니다만 다 팔렸어요.

---

297
☐ ☐ ☐
**réduction**
(여) 할인

Avez-vous des cartes de ______ ?
할인 카드가 있으신가요?

---

298
☐ ☐ ☐
**reçu**
(남) 영수증

Avez-vous besoin d'un ______ ?
영수증이 필요하세요?

---

299
☐ ☐ ☐
**rembourser**
환불하다

Pouvez-vous ______ ceci ?
이것을 환불해 주실 수 있을까요?

---

300
☐ ☐ ☐
**retourner**
반품하다

Avez-vous ______ le pull ?
스웨터 반품했어요?

---

**Hint** 294 vend 295 en rupture de stock 296 épuisés 297 réduction 298 reçu 299 rembourser 300 retourné

# 플러스 단어

achat 남 구매품

liste de courses 여 쇼핑 목록

impôt / taxe 남 세금

dollar 남 달러

biens 남 복 상품

carte de crédit 여 신용카드

en soldes 세일 중인

à vendre 팔려고 내놓은

moins de ~ %(pour cent)
~퍼센트 할인

échange 남 교환

étiquette de prix 여 가격표

raisonnable (가격이) 적당한

coupon 남 쿠폰

publicité 여 광고

choisir 고르다

marché 남 시장

supermarché 남 슈퍼마켓

point de vente 남 아웃렛, 직판점

magasin de rabais 남 할인점

vente de garage
여 (개인이 하는) 중고 가정용품 세일

de gros 도매의, 도매로

vente au détail 여 소매

catalogue 남 카탈로그

garantie 여 품질 보증(서)

défectueux 결함 있는

livraison 여 배달, 배송

emballer 포장하다

lèche-vitrine 남 아이쇼핑

accro du shopping 남 쇼핑 중독자

voleur à l'étalage 남 가게 좀도둑

# 미니 테스트

단어 암기 동영상을 보면서 복습하세요

## 1 다음 단어의 뜻을 적어 보세요.

1 reçu ____________　2 coûter ____________

3 commander ____________　4 cher ____________

5 rembourser ____________

6 en rupture de stock ____________

## 2 다음 뜻을 프랑스어로 써 보세요.

1 손님, 고객 ____________　2 할인 ____________

3 다 팔린, 매진된 ____________　4 돈, 현금 ____________

5 ~을 찾다 ____________　6 (돈을) 지불하다 ____________

## 3 프랑스어와 우리말 뜻을 알맞게 연결해 보세요.

1 잔돈, 거스름돈 •　① vendre

2 반품하다 •　② retourner

3 값이 싼, 저렴한 •　③ monnaie

4 판매하다 •　④ bon marché

1 1. 영수증 2. 비용이 들다 3. 주문하다 4. 값이 비싼 5. 환불하다 6. 재고가 없는
2 1. client 2. réduction 3. épuisé 4. argent 5. chercher 6. payer
3 1. ③ 2. ② 3. ④ 4. ①

공부 순서 □ MP3 듣기 ➡ □ 단어 암기 ➡ □ 예문 빈칸 채우기 ➡ □ 단어암기 동영상

# 교통·도로

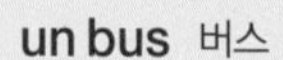

un bus 버스

un taxi 택시

un métro 지하철

un vélo 자전거

un avion 비행기

un bateau 배

301

- [ ]
- [ ]
- [ ]

**route**

여 도로

La ______ n'est pas encombrée maintenant.

지금은 도로가 한산하다.

302

**voiture**

여 차, 자동차

C'est plus lent d'aller en ______.

차로 가는 게 더 느리다.

303

**conduire**

운전하다

Je ne peux pas m'habituer à ______.

운전하는 것에 익숙해지지가 않아요.

304

**garer**

주차하다

Où puis-je ______ la voiture ?

어디에 주차할까요?

305

**circulation**

여 교통량, 차량들

Nous étions bloqués dans la ______.

우리는 정체된 차량들에 꼼짝도 못했다.

306

**arrêt de bus**

남 버스 정류장

Où est l'______ ______ ______ le plus proche ?

가장 가까운 버스 정류장이 어디예요?

307

**transport en commun**

남 대중교통

On est proche des ______ ______ ______ ?

대중교통은 가까이에 있나요?

**Hint** 301 route 302 voiture 303 conduire 304 garer 305 circulation 306 arrêt de bus 307 transports en commun

308

station

여 역

Descendez à la prochaine ______.

다음 역에서 내리세요.

309

tarif

남 요금

Quel est le ______ ?

요금이 얼마예요?

310

à l'heure

정시에

Le train est-il ______ ______ ?

열차는 정시에 오나요?

311

accident

남 사고

Elle a été blessée dans un ______ de voiture.

그녀는 자동차 사고로 다쳤다.

312

passager

남 승객

Les ______ se plaignent.

승객들이 불평을 하고 있다.

313

place

여 자리, 좌석

Est-ce que cette ______ est libre ?

여기 자리 있나요?

314

prochain(e)

다음의

Quel est le ______ arrêt ?

다음 정거장은 어디인가요?

Hint 308 station 309 tarif 310 à l'heure 311 accident 312 passagers 313 place 314 prochain

315
☐ ☐ ☐
**rue**
여 길, 거리

Votre bureau se trouve dans quelle ______ ?
사무실이 어느 거리에 있어요?

316
☐ ☐ ☐
**coin**
남 모퉁이

Tournez à droite au ______.
모퉁이에서 우회전해 주세요.

317
☐ ☐ ☐
**traverser**
건너다

______ la rue et allez tout droit.
길을 건너서 죽 가세요.

318
☐ ☐ ☐
**arriver**
도착하다

Mon train ______ plus tôt que d'habitude.
내가 타는 열차가 평소보다 일찍 왔다.

319
☐ ☐ ☐
**partir**
떠나다

Quand ______ le prochain bus ?
다음 버스는 언제 떠나나요?

320
☐ ☐ ☐
**loin**
(거리가) 먼

C'est ______ d'ici ?
여기에서 먼가요?

321
☐ ☐ ☐
**casque**
남 헬멧

Mettez ce ______.
이 헬멧을 쓰세요.

**Hint** 315 rue 316 coin 317 Traversez 318 arrive 319 part 320 loin 321 casque

322
- [ ] 
- [ ] 
- [ ] 

**en retard**
늦은

**Je suis ______ ______.**
**Dépêchez-vous, s'il vous plaît.**
제가 좀 늦었는데요. 서둘러 주세요.

---

323

**manquer**
놓치다

**Je ne veux pas ______ le train.**
나는 열차를 놓치고 싶지 않아요.

---

324

**en avance**
일찍 오다

**Le train était un peu ______ ______.**
열차는 조금 일찍 도착했다.

---

325

**plan**
㊚ 지도

**Pouvez-vous me le montrer sur le ______ ?**
지도에서 제가 있는 곳을 알려 주시겠어요?

---

326

**perdu(e)**
길을 잃은

**Je pense qu'on est ______.**
길을 잃은 것 같아요.

---

327

**itinéraire**
㊚ 경로, 코스

**On va lui demander l'______.**
그에게 가는 길(경로)을 물어보자.

---

328

**attendre**
기다리다

**Veuillez ______ ici une minute.**
잠시만 여기에서 기다려 주세요.

---

**Hint** 322 en retard 323 manquer 324 en avance 325 plan 326 perdus 327 itinéraire 328 attendre

## 이동·교통 관련 표현

<table>
<tr><th>타다</th><th>내리다</th><th>교통수단</th></tr>
<tr><td>prendre<br>monter dans</td><td>descendre de<br>sortir de</td><td>un taxi<br>택시<br>une voiture<br>자동차<br>un bus<br>버스<br>le métro<br>전철</td></tr>
<tr><td>prendre<br>monter dans<br>embarquer dans</td><td rowspan="2">descendre de<br>sortir de<br>débarquer de</td><td>un train<br>기차</td></tr>
<tr><td>prendre<br>monter sur<br>embarquer sur</td><td>un bateau<br>배<br>un avion<br>비행기</td></tr>
<tr><td>prendre<br>monter à</td><td>descendre de</td><td>un vélo<br>자전거, 사이클<br>une bicyclette<br>자전거<br>une moto<br>오토바이</td></tr>
</table>

véhicule 남 탈것

transport en commun 남 대중교통

conducteur 남 운전자

passant 남 행인

piéton 남 보행자

passage clouté 남 횡단보도

feu de circulation 남 신호등

station-service 여 주유소

agent de la circulation 남 교통경찰

conducteur ivre 남 음주운전자

permis de conduire 남 운전면허증

embouteillage 남 교통 정체

heure de pointe
여 (교통량이 많은) 출퇴근 시간대

trottoir 남 인도, 보도

panneau de signalisation
남 도로 표지판

intersection 여 교차로

dépasser 추월하다

chaussée 여 차도

pont 남 다리

tunnel 남 터널

autoroute 여 고속도로

voie ferrée 여 철로

quai 남 플랫폼, 승강장

terminus 남 종점

port 남 항구

salle d'attente 여 대기실

horaire 남 운행 시간표

carte routière 여 노선도

distance 여 거리

vendeur de rue 남 노점상

# 미니 테스트

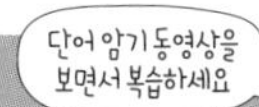

## 1 다음 단어의 뜻을 적어 보세요.

1 tarif ________

2 arriver ________

3 itinéraire ________

4 circulation ________

5 station ________

6 passager ________

## 2 다음 뜻을 프랑스어로 써 보세요.

1 자리, 좌석 ________

2 일찍 오다 ________

3 사고 ________

4 대중교통 ________

5 다음의 ________

6 정시에 ________

## 3 프랑스어와 우리말 뜻을 알맞게 연결해 보세요.

| | | |
|---|---|---|
| 1 건너다 | • | ① loin |
| 2 늦은 | • | ② manquer |
| 3 놓치다 | • | ③ traverser |
| 4 (거리가) 먼 | • | ④ en retard |

1 1. 요금 2. 도착하다 3. 경로, 코스 4. 교통량, 차량들 5. 역 6. 승객
2 1. place 2. en avance 3. accident 4. transport en commun 5. prochain 6. à l'heure
3 1. ③ 2. ④ 3. ② 4. ①

Jour 16

공부 순서 □ MP3 듣기 ➡ □ 단어 암기 ➡ □ 예문 빈칸 채우기 ➡ □ 단어암기 동영상

# 은행, 우체국, 편의점에서

**une banque**
은행

**une poste**
우체국

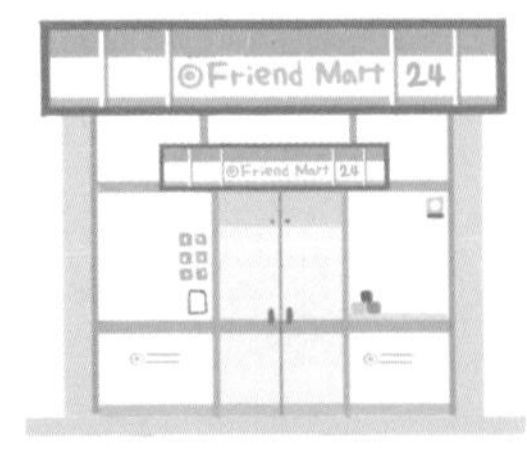


**une supérette / un dépanneur** 편의점

**gagner**
(돈을) 벌다

**une lettre**
편지

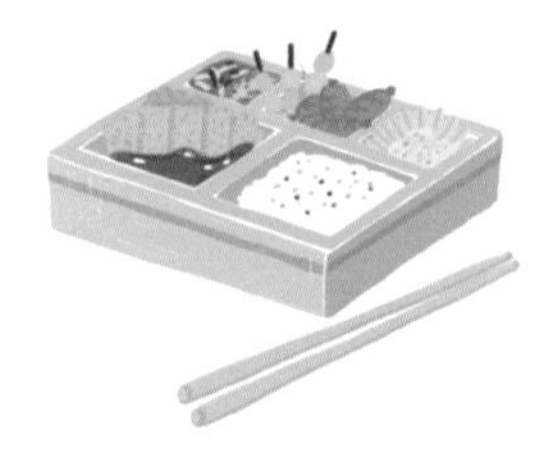

**un casse-croûte / lunchbox** 도시락

329

- [ ]
- [ ]
- [ ]

## banque

(여) 은행

Je suis déjà passé à la ______.
벌써 은행에 다녀왔어요.

---

330

- [ ]
- [ ]
- [ ]

## argent

(남) 돈

L'______ ne pousse pas sur les arbres.
돈은 거저 생기지 않는다.

---

331

- [ ]
- [ ]
- [ ]

## guichetier

(남) (은행) 창구 직원

Combien de ______ y a-t-il à la banque ?
은행에 창구 직원이 몇 명 있어요?

---

332

- [ ]
- [ ]
- [ ]

## déposer de l'argent

예금하다

J'aimerais ______ ______ ______.
예금을 하고 싶어요.

---

333

- [ ]
- [ ]
- [ ]

## retirer de l'argent

~을 꺼내다, 인출하다

Je dois ______ ______ ______.
현금을 인출해야 해요.

---

334

- [ ]
- [ ]
- [ ]

## carte d'identité

(여) 신분증

N'oubliez pas votre ______ ______.
신분증을 꼭 가져오세요.

---

335

- [ ]
- [ ]
- [ ]

## mot de passe

(남) 비밀번호

Changez régulièrement votre ______ ______ ______.
비밀번호를 정기적으로 변경하세요.

---

**Hint** 329 banque 330 argent 331 guichetiers 332 déposer de l'argent 333 retirer de l'argent 334 carte d'identité 335 mot de passe

336
□
□
□
**gagner**
(돈을) 벌다

Combien ______ -vous par mois ?
한 달에 얼마나 벌어요?

337
□
□
□
**économiser**
(돈을) 모으다, 저축하다

J' ______ de l'argent pour une journée pluvieuse.
나는 어려울 때를 대비해 저축을 하고 있다.

338
□
□
□
**compte**
㊚ 계좌

Est-ce que votre nom est sur le ______ ?
본인 명의의 계좌인가요?

339
□
□
□
**tour**
㊚ 순번, 차례

À mon ______ maintenant.
이제 제 차례예요.

340
□
□
□
**intérêt**
㊚ 이자

Le taux d' ______ n'est pas élevé.
이자율이 높지 않다.

341
□
□
□
**signer**
서명하다

______ ici, s'il vous plaît.
여기에 서명해 주세요.

342
□
□
□
**budget**
㊚ 예산

Nous devons réduire le ______ .
예산을 감축해야 해요.

Hint 336 gagnez 337 économise 338 compte 339 tour 340 intérêt 341 Signez 342 budget

343
☐ **lettre**
☐ 여 편지
☐

Puis-je lire la ________ ?
제가 그 편지를 읽어 봐도 될까요?

344
☐ **timbre**
☐ 남 우표
☐

J'ai besoin d'un ________ , s'il vous plaît.
우표 좀 주세요.

345
☐ **enveloppe**
☐ 여 봉투
☐

L'________ n'était pas scellée.
그 봉투는 봉해져 있지 않았다.

346
☐ **envoyer**
☐ 보내다
☐

Pouvez-vous ________ le colis pour moi ?
저 대신 소포를 보내 주시겠어요?

347
☐ **recevoir**
☐ 받다
☐

J'aimerais ________ une carte postale de Léa.
레아한테서 엽서를 받고 싶어.

348
☐ **colis**
☐ 남 소포
☐

Puis-je prendre un ________ ?
소포를 직접 받아갈 수 있을까요?

349
☐ **livrer**
☐ 배송하다
☐

Votre achat vient d'être ________ .
당신이 산 물건이 지금 막 배송됐어요.

**Hint** 343 lettre 344 timbre 345 enveloppe 346 envoyer 347 recevoir 348 colis 349 livré

350
☐ **mesurer**
☐ 측정하다, (길이, 치수, 양이) ~이다
☐

La boîte ______ 20x30 centimètres.
상자의 크기는 20×30센티미터이다.

351
☐ **lourd(e)**
☐ 무거운
☐

Le paquet est très ______.
이 꾸러미 상자는 매우 무겁다.

352
☐ **léger**
☐ 가벼운
☐ 여 légère

La boîte est plus ______ qu'elle ne semble.
상자가 보기보다 가볍네요.

353
☐ **faire la queue**
☐ 줄을 서다
☐

Excusez-moi, vous devriez ______ ______ ______.
죄송하지만 줄을 서 주셔야 해요.

354
☐ **pratique**
☐ 편리한
☐

Il est ______ d'utiliser.
그것은 이용하기가 편하다.

355
☐ **carte d'adhésion**
☐ 회원 카드
☐

Puis-je demander une ______ ______?
회원 카드를 신청할 수 있나요?

356
☐ **24 heures sur 24**
☐ 24시간 내내
☐

Le magasin est ouvert ______ ______ ______ ______.
그 가게는 24시간 내내 영업한다.
= 24h/24

Hint 350 mesure 351 lourd 352 légère 353 faire la queue 354 pratique 355 carte d'adhésion 356 24 heures sur 24

## 프랑스의 통화

### 지폐

cinq euros
5 유로

dix euros
10 유로

vingt euros
20 유로

cinquante euros
50 유로

cent euros
100 유로

deux cents euros
200 유로

cinq cents euros
500 유로

### 동전

un centime
1 썽띰

deux centimes
2 썽띰

cinq centimes
5 썽띰

dix centimes
10 썽띰

vingt centimes
20 썽띰

cinquante centimes
50 썽띰

un euro
1 유로

deux euros
2 유로

## 플러스 단어

livret de banque 남 통장

billet 남 지폐

pièce de monnaie 여 동전

chèque 남 수표

taux de change 남 환율

service bancaire sur Internet
남 인터넷 뱅킹

commission 여 수수료

guichet automatique / distributeur de billets
남 현금 입출금기

chambre forte
여 (은행의) 금고, 귀중품 보관소

transférer (돈을) 이체하다

prêter 대출하다

emprunt bancaire 남 대출금, 융자금

coffre-fort 남 안전 금고

tirelire 여 돼지저금통

faire fortune 큰돈을 벌다

code postal 남 우편번호

expéditeur 남 발신인

destinataire 남 수신인

boîte aux lettres 여 우편함

facteur 남 우체부

adresse de retour 여 반송할 주소

pèse-lettre 남 저울

cachet de la poste 남 우체국 소인

courrier recommandé
남 등기 우편, 1급 우편

courrier exprès 남 속달 우편

carte postale 여 엽서

livraison à domicile 여 택배

sac plastique 남 비닐봉지

carte de fidélité 여 적립 카드

nécessité 여 생필품

# 미니 테스트

## 1 다음 단어의 뜻을 적어 보세요.

1 budget ____________ 2 mesurer ____________

3 pratique ____________ 4 retirer de l'argent ____________

5 enveloppe ____________ 6 24h/24 ____________

## 2 다음 뜻을 프랑스어로 써 보세요.

1 보내다 ____________ 2 계좌 ____________

3 순번, 차례 ____________ 4 줄을 서다 ____________

5 가벼운 ____________ 6 소포 ____________

## 3 프랑스어와 우리말 뜻을 알맞게 연결해 보세요.

1 배송하다 • ① timbre

2 이자 • ② déposer de l'argent

3 우표 • ③ intérêt

4 예금하다 • ④ livrer

1 1. 예산 2. 측정하다, (길이, 치수, 양이) ~이다 3. 편리한 4. ~을 꺼내다, 인출하다 5. 봉투 6. 24시간 내내
2 1. envoyer 2. compte 3. tour 4. faire la queue 5. léger 6. colis
3 1. ④ 2. ③ 3. ① 4. ②

Jour 17 

공부 순서 □ MP3 듣기 ➡ □ 단어 암기 ➡ □ 예문 빈칸 채우기 ➡ □ 단어암기 동영상

# 병원에서

un hôpital 병원

un rhume 감기

une fièvre 열

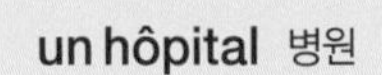

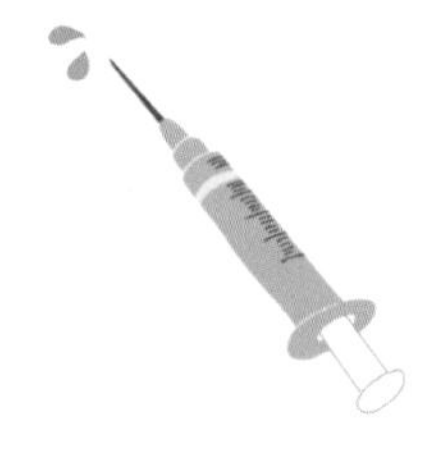

une piqûre 주사

un médicament 약

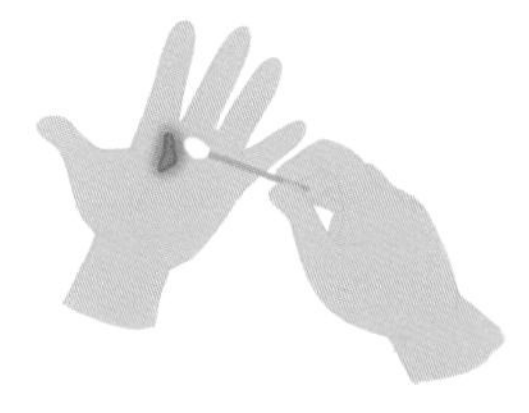

une écorchure 찰과상

357

hôpital

남 병원

Les enfants détestent aller à l' ________.

아이들은 병원 가는 것을 아주 싫어한다.

358

médecin

남 의사

Je vois encore un ________.

아직도 병원에 다니고 있어요.

359

malade

남 여 환자

Le ________ a abandonné le traitement hospitalier.

그 환자는 병원 치료를 포기했다.

360

médicament

남 약

Prenez ce ________ avant le repas.

이 약은 식전에 드세요.

361

malade

아픈

Je suis ________ depuis un mois.

한 달째 아파요.

362

santé

여 건강

Il a pris sa retraite en raison de sa ________.

그는 건강이 나빠서 퇴직했다.

363

fatigué(e)

피곤한

Je suis tellement ________.

난 너무 피곤하다.

Hint 357 hôpital 358 médecin 359 malade 360 médicament 361 malade 362 santé 363 fatigué

364
- [ ] 
- [ ] 
- [ ] 

**problème**

남 문제

Avez-vous eu ce ______ avant ?

전에도 이런 문제가 있었나요?

365
- [ ] 
- [ ] 
- [ ] 

**infirmière**

여 간호사

Dois-je appeler l'______ ?

간호사를 불러야 할까요?

366
- [ ] 
- [ ] 
- [ ] 

**avoir mal à**

~가 아프다

J'___ ___ ___ la tête.

머리가 아파요.

367
- [ ] 
- [ ] 
- [ ] 

**douleur**

여 고통, 통증

J'ai la ______ au genou.

무릎에 통증이 있어요.

368
- [ ] 
- [ ] 
- [ ] 

**faible**

약한, 허약한

Elle est trop ______ pour parler.

그녀는 말을 못할 정도로 약해져 있다.

369
- [ ] 
- [ ] 
- [ ] 

**maladie**

여 병, 질병

Son chien est mort d'une ______ cardiaque.

그의 개는 심장병으로 죽었다.

370
- [ ] 
- [ ] 
- [ ] 

**souffrir**

(질병으로) 고통을 느끼다

Elle ne ______ pas.

그녀는 어떤 고통도 느끼지 못할 거예요.

Hint 364 problème 365 infirmière 366 ai mal à 367 douleur 368 faible 369 maladie 370 souffrira 371 mal aux dents 372 rendez-vous 373 en bonne santé 374 résultat

371

□ □ □

## mal aux dents

남 치통

J'ai ___ ___ ___.

치통이 있어요.

372

□ □ □

## rendez-vous

남 (진료) 약속, 예약

J'aimerais annuler mon ___.

진료 약속을 취소하고 싶어요.

373

□ □ □

## en bonne santé

건강한

Mon grand-père est ___ ___ ___.

우리 할아버지는 건강하시다.

374

□ □ □

## résultat

남 결과

Le ___ de votre test est bien.

검사 결과는 양호해요.

Tip

### 증상을 나타내는 표현

**prendre froid** 감기에 걸리다

**avoir mal au ventre** 배가 아프다

**avoir mal à la gorge** 목이 아프다

**avoir de la fièvre** 열이 나다

**avoir un nez qui coule** 콧물이 나다

**saigner du nez** 코피가 나다

**avoir de la diarrhée** 설사가 나다

**avoir un vertige** 어지럽다

**avoir des démangeaisons** 가렵다

**avoir une crampe** 쥐가 나다

**se tordre le bras** 팔이 비틀리다

**se fouler la cheville** 발목을 삐다

**continuer à saigner** 계속 피가 나다

375

- [ ] 
- [ ] 
- [ ] 

**allergique**

알레르기가 있는

Je suis ______ aux arachides.

저는 땅콩 알레르기가 있어요.

---

376

**aller bien**

괜찮은

Vous ______ ______ ?

괜찮아요?

---

377

**stressé(e)**

스트레스를 받고 있는

Je suis très ______ .

스트레스를 많이 받고 있어요.

---

378

**remède**

남 치료제

Existe-t-il un ______ contre la maladie ?

그 병에 대한 치료제는 있나요?

---

379

**respirer**

숨 쉬다, 호흡하다

______ profondément.

심호흡을 해 보세요.

---

380

**infection**

여 감염

L'______ s'est répandue dans son cerveau.

감염이 그녀의 뇌까지 퍼졌다.

---

381

**pause**

여 휴식

J'ai besoin d'une ______ .

좀 쉬어야겠어요.

---

**Hint** 375 allergique 376 allez bien 377 stressé 378 remède 379 Respirez 380 infection 381 pause 382 pâle 383 sang 384 blessure 385 sport 386 Relâchez

382
☐ **pâle**
☐ 창백한
☐

Tu es ______.
너 얼굴이 창백해.

---

383
☐ **sang**
☐ 남 피, 혈액
☐

Elle s'est évanouie de la perte de ______.
그녀는 출혈 때문에 의식을 잃었다.

---

384
☐ **blessure**
☐ 여 부상
☐

Le motard a échappé belle à la ______.
오토바이 운전자는 가까스로 부상을 면했다.

---

385
☐ **sport**
☐ 남 운동
☐

Vous devez faire plus de ______.
운동을 더 하셔야 해요.

---

386
☐ **relâcher**
☐ 긴장을 풀다, 이완시키다
☐

______ vos muscles de l'épaule.
어깨 근육을 이완시키세요.

---

Tip
## 진료 과목에 따른 의사

**chirurgien** 외과 의사

**chirurgien plastique** 성형외과 의사

**obstétricien** 산과 의사

**psychiatre** 정신과 의사

**cardiologue** 심장외과 의사

**dentiste** 치과 의사

**pédiatre** 소아과 의사

**gynécologue** 부인과 의사

**dermatologue** 피부과 의사

**neurologue** 신경과 의사

## 플러스 단어

aller voir un docteur 병원에 가다

aller chez le dentiste 치과에 가다

être emmené à l'hôpital 병원에 실려 가다

être à l'hôpital 입원 중인

sortir de l'hôpital 병원에서 퇴원하다

examiner 검사하다, 진찰하다

souffrir de (병을) 앓다

guérir 낫다, 낫게 하다

traitement (남) 치료

chirurgie (여) 수술

se rétablir (병에서) 회복하다, 이겨내다

examen médical (남) 건강검진

symptôme (남) 증상

diagnostic (남) 진단

ordonnance (여) 처방

température corporelle (여) 체온

tension artérielle (여) 혈압

pouls (남) 맥박

mal de tête (남) 두통

diabète (남) 당뇨병

cancer (남) 암

asthme (남) 천식

insomnie (여) 불면증

dépression (여) 우울증

éruption (여) 발진

toux (여) 기침

éternuement (남) 재채기

vomir 토하다

meurtrissure (여) 멍

gonflé 부은

# 미니 테스트

## 1 다음 단어의 뜻을 적어 보세요.

1 respirer ____________ 2 relâcher ____________

3 rendez-vous ____________ 4 souffrir ____________

5 infection ____________ 6 problème ____________

## 2 다음 뜻을 프랑스어로 써 보세요.

1 괜찮은 ____________ 2 결과 ____________

3 운동 ____________ 4 환자 ____________

5 고통, 통증 ____________ 6 창백한 ____________

## 3 프랑스어와 우리말 뜻을 알맞게 연결해 보세요.

1 부상 • ① en bonne santé

2 약 • ② blessure

3 건강한 • ③ médicament

4 병, 질병 • ④ maladie

1 1. 숨 쉬다, 호흡하다 2. 긴장을 풀다, 이완시키다 3. (진료) 약속, 예약 4. (질병으로) 고통을 느끼다 5. 감염 6. 문제
2 1. aller bien 2. résultat 3. sport 4. malade 5. douleur 6. pâle
3 1. ② 2. ③ 3. ① 4. ④

공부 순서 ☐ MP3 듣기 ➡ ☐ 단어 암기 ➡ ☐ 예문 빈칸 채우기 ➡ ☐ 단어암기 동영상

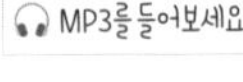

la France
프랑스

les États-Unis
미국

la Chine
중국

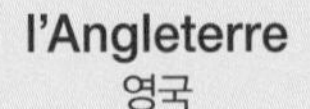

l'Angleterre
영국

l'Allemagne
독일

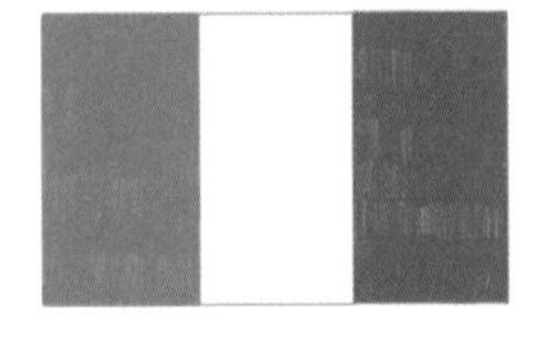

l'Italie
이탈리아

387
☐ ☐ ☐
**tour**
남 여행

Je voudrais faire le ______ du monde.
나는 세계 여행을 하고 싶다.

388
☐ ☐ ☐
**hôtel**
남 호텔

Avez-vous réservé un ______ ?
호텔은 예약했어요?

389
☐ ☐ ☐
**plan**
남 계획

Il y a eu un changement de ______.
계획에 변경이 있었어요.

390
☐ ☐ ☐
**emploi du temps**
남 일정

Quel est votre ______ ______ ______ pour aujourd'hui ?
오늘 일정이 어떻게 돼요?

391
☐ ☐ ☐
**endroit**
남 장소, 곳

Cet ______ est plutôt bruyant.
이곳은 상당히 시끄럽네요.

392
☐ ☐ ☐
**visiter**
방문하다

Quels pays avez-vous ______ en Europe ?
유럽에서는 어떤 나라를 방문했어요?

393
☐ ☐ ☐
**étranger**
외국의
여 étrangère

Parlez-vous des langues ______ ?
외국어 하는 거 있어요?

Hint 387 tour 388 hôtel 389 plan 390 emploi du temps 391 endroit 392 visités 393 étrangères

394

□ □ □

**rester**

머물다

Combien de temps allez-vous ______ ?

얼마나 머무실 건가요?

---

395

□ □ □

**réservation**

여 예약

On a fait une ______ pour six heures du soir.

저녁 6시 예약을 했는데요.

---

396

□ □ □

**vacances**

여 복 휴가, 휴일

J'attends impatiemment les ______ de Noël.

크리스마스 휴가를 고대하고 있어요.

---

397

□ □ □

**à l'étranger**

해외로, 해외에

Je n'ai jamais été à l'______ avant.

나는 전에 해외로 나가 본 적이 한 번도 없다.

---

398

□ □ □

**appareil photo**

남 카메라

Avez-vous un ______ ______ ?

카메라 갖고 왔어요?

---

399

□ □ □

**expérience**

여 경험

J'ai eu une ______ précieuse là-bas.

저는 그곳에서 소중한 경험을 했어요.

---

400

□ □ □

**coutume**

여 풍습, 관습

Vous devez suivre la ______ locale.

현지의 풍습을 따르셔야 해요.

---

**Hint** 394 rester 395 réservation 396 vacances 397 étranger 398 appareil photo 399 expérience 400 coutume

401
- [ ]
- [ ]
- [ ]

**recommander**
추천하다

Pouvez-vous ______ un bon café ?
좋은 카페를 추천해 주실래요?

---

402
- [ ]
- [ ]
- [ ]

**festival**
남 축제

Le ______ de la bière est organisé en juillet.
그 맥주 축제는 7월에 열린다.

---

403
- [ ]
- [ ]
- [ ]

**paysage**
남 경치, 풍경

Nous avons été émus par ses beaux ______.
우리는 그곳의 아름다운 경치에 감동을 받았다.

---

404
- [ ]
- [ ]
- [ ]

**guide**
남 여 안내, 안내원, 안내서

Ils préfèrent les visites avec un ______.
그들은 안내원이 있는 관광을 선호한다.

---

405
- [ ]
- [ ]
- [ ]

**annuler**
취소하다

Je voudrais ______ ma réservation.
예약을 취소하고 싶어요.

---

406
- [ ]
- [ ]
- [ ]

**traditionnel(le)**
전통적인

C'est la cuisine ______ thaïlandaise.
이것은 전통 태국 요리이다.

---

407
- [ ]
- [ ]
- [ ]

**souvenir**
남 기념품

Que diriez-vous des clés comme ______ ?
기념품으로 열쇠고리는 어때요?

---

**Hint** 401 recommander 402 festival 403 paysages 404 guide 405 annuler 406 traditionnelle 407 souvenir

## 플러스 단어

**voyage** 남 여행

**visite guidée** 여 안내원이 있는 관광

**voyage organisé** 남 패키지 관광

**touriste** 남 여 관광객

**agence de voyage** 여 여행사

**site touristique** 남 관광 명소

**local** 현지의, 현지인

**étranger** 남 외국인

**monde** 남 세계

**tradition** 여 전통

**tourisme** 남 관광 산업

**monnaie courante** 여 통화

**étranger** 해외(의)

**ambassade** 여 대사관

**consulat** 남 영사관

**avoir le mal des transports** 차멀미가 나다

**avoir le mal de mer** 뱃멀미가 나다

**voyager sac au dos** 배낭여행을 가다

**faire du tourisme** 관광하다

**souvenir** 남 추억

**arnaquer** ~에게 바가지를 씌우다

**check in** (호텔 등에) 입실하다

**check out** (호텔 등에서) 퇴실하다

**cascade** 여 폭포

**parc** 남 공원

**palais** 남 궁전

**château** 남 성

**musée** 남 박물관

**emballer** 짐을 꾸리다

**déballer** 짐을 풀다

# 미니 테스트

**1** 다음 단어의 뜻을 적어 보세요.

1 plan ____________ 2 recommender ____________

3 souvenir ____________ 4 à l'étranger ____________

5 étranger ____________ 6 guide ____________

**2** 다음 뜻을 프랑스어로 써 보세요.

1 일정 ____________ 2 취소하다 ____________

3 머물다 ____________ 4 휴가, 휴일 ____________

5 축제 ____________ 6 풍습, 관습 ____________

**3** 프랑스어와 우리말 뜻을 알맞게 연결해 보세요.

1 경치, 풍경 • ① expérience

2 경험 • ② paysage

3 예약 • ③ traditionel

4 전통적인 • ④ réservation

**1** 1. 계획 2. 추천하다 3. 기념품 4. 해외로, 해외에 5. 외국의 6. 안내, 안내원, 안내서
**2** 1. emploi du temps 2. annuler 3. rester 4. vacances 5. festival 6. coutume
**3** 1. ② 2. ① 3. ④ 4. ③

Jour 19

공부 순서 ☐ MP3 듣기 ➡ ☐ 단어 암기 ➡ ☐ 예문 빈칸 채우기 ➡ ☐ 단어암기 동영상

# 공항에서

un aéroport 공항

un avion 비행기

un passeport 여권

un billet 티켓, 탑승권

un bagage 짐, 화물

une membre de l'équipage 승무원

408

aéroport

남 공항

Je vais le conduire à l' ______ .

그분을 공항까지 차로 모셔다 드릴게요.

409

vol

남 비행, 비행편, 비행기

Que le ______ soit agréable !

즐거운 비행 되세요!

410

réserver

예약하다

Le vol 423 est entièrement ______ .

423편은 이미 예약이 끝났습니다.

411

billet

남 표, 탑승권

Deux ______ d'aller-retour pour Paris, s'il vous plaît.

파리행 왕복표 2장 주세요.

412

confirmer

확인하다, 확정하다

J'appelle pour ______ ma réservation.

예약을 확인하려고 전화 드렸는데요.

413

bagage

남 짐, 화물

Certains de mes ______ ne sont pas encore arrivés.

제 짐 중 몇 개가 아직 도착하지 않았어요.

414

perdre

잃어버리다

J'ai ______ mon sac.

가방을 잃어버렸어요.

Hint 408 aéroport 409 vol 410 réservé 411 billets 412 confirmer 413 bagages 414 perdu

415
- [ ] 
- [ ] 
- [ ] 

## décoller
이륙하다

L'avion ______ à l'heure.
비행기는 정시에 이륙한다.

416

## voler
비행기를 타고 가다, 비행하다, 날다

On ______ de Séoul à l'île de Jeju.
우리는 서울에서 제주도까지 비행기를 타고 갔다.

417

## atterrir
착륙하다

Le pilote ______ en toute sécurité.
조종사는 비행기를 안전하게 착륙시킨다.

418

## couloir
남 통로

Il a pris le siège côté ______.
그는 통로 쪽에 앉았다.

419

## service
남 서비스

Le ______ était formidable.
서비스는 훌륭했다.

420

## enregistrer
(짐을) 부치다

Combien de bagages avez-vous à ______ ?
가방을 몇 개나 부치셔야 하나요?

421

## remplir
(서식 등을) 작성하다

______ ce formulaire, s'il vous plaît.
이 서식을 작성해 주세요.

**Hint** 415 décolle 416 vole 417 atterrit 418 couloir 419 service 420 enregistrer 421 Remplissez 422 montent 423 direct 424 ceinture de sécurité 425 annonce 426 va / chercher

422
☐ ☐ ☐
**monter**
탑승하다

Ils ______ à bord par la porte 3.
그들은 3번 게이트를 지나 탑승하고 있었다.

423
☐ ☐ ☐
**direct**
직항의

C'est ______ ?
직항인가요?

424
☐ ☐ ☐
**ceinture de sécurité**
여 안전띠

Attachez votre ______ ______ ______, s'il vous plaît.
안전띠를 매 주세요.

425
☐ ☐ ☐
**annonce**
여 안내 방송

Quel était le sujet de l'______ ?
무엇에 관한 안내방송이었나요?

426
☐ ☐ ☐
**aller chercher**
~를 마중 나가다

Qui ______ le ______ en voiture ?
누가 그를 차로 마중 나갈래요?

## 입국 심사 때 물어보는 말

**Puis-je voir votre passeport ?** 여권을 보여 주시겠어요?

**Quel est le but de votre visite ?** 방문하신 목적은요?

**Combien de temps comptez-vous rester ?** 얼마나 머물 계획이신가요?

**Où allez-vous rester ?** 어디에 묵으실 건가요?

## 플러스 단어

visa 남 비자

kilométrage 남 마일리지

valise 여 여행가방

bagage à main 남 휴대용 가방

liste d'attente 여 대기자 명단

billetterie 여 매표소

point de contrôle de sécurité 남 보안 검사대

porte 여 탑승구

magasin hors taxe 남 면세점

récupération des bagages 여 수하물 찾는 곳

douane 여 세관

formulaire de déclaration de douane 남 세관 신고서

déclarer 신고하다

immigration 여 출입국 관리소

piste 여 활주로

remplir 기입하다

arrivée 여 도착

départ 남 출발

pilot 남 비행기 조종사

steward 남 남자 승무원

hôtesse de l'air 여 여자 승무원

escale 여 경유, 도중하차

décalage horaire 남 시차로 생기는 피로

sans arrêt 논스톱, 직항의

aller simple 편도의

aller-retour 왕복의

coin fenêtre 남 창가 쪽 자리

siège du milieu 남 가운데 자리

compagnie aérienne 여 항공사

destination 여 목적지

# 미니 테스트

## 1 다음 단어의 뜻을 적어 보세요.

1 couloir ____________　　2 aller chercher ____________

3 enregistrer ____________　　4 vol ____________

5 atterrir ____________　　6 confirmer ____________

## 2 다음 뜻을 프랑스어로 써 보세요.

1 잃어버리다 ____________　　2 짐, 화물 ____________

3 안전띠 ____________　　4 공항 ____________

5 예약하다 ____________　　6 탑승하다 ____________

## 3 프랑스어와 우리말 뜻을 알맞게 연결해 보세요.

1 (서식 등을) 작성하다 •　　① direct

2 직항의 •　　② décoller

3 안내 방송 •　　③ remplir

4 이륙하다 •　　④ annonce

1 1. 통로 2. ~를 마중 나가다 3. (짐을) 부치다 4. 비행, 비행편, 비행기 5. 착륙하다 6. 확인하다, 확정하다
2 1. perdre 2. bagage 3. ceinture de sécurité 4. aéroport 5. réserver 6. monter
3 1. ③ 2. ① 3. ④ 4. ②

Jour 20

공부 순서 □ MP3 듣기 ➡ □ 단어 암기 ➡ □ 예문 빈칸 채우기 ➡ □ 단어암기 동영상

# 취미 생활

MP3를 들어보세요

**jouer du piano**
피아노를 치다

**aller au cinéma**
영화관에 가다

**écouter de la musique**
음악을 듣다

**chanter (une chanson)**
노래를 부르다

**faire de la peinture**
그림을 그리다

**lire (des livres)**
책을 읽다

427
□ □ □
**passe-temps**
남 취미

Quel est votre ✎ ____ ?
취미가 뭐예요?

428
□ □ □
**préféré(e)**
가장 좋아하는

La pêche est son loisir ____ .
낚시는 그가 가장 좋아하는 여가 활동이다.
≡ favori(te)

429
□ □ □
**passer**
(시간을) 보내다

On a ____ le week-end à réparer notre maison.
우리는 집수리를 하면서 주말을 보냈다.

430
□ □ □
**libre**
한가한

Que faites-vous pendant votre temps ____ ?
한가할 때는 무엇을 하세요?

431
□ □ □
**film**
남 영화

J'ai vu un ____ sur l'amitié.
나는 우정에 관한 영화를 보았다.

432
□ □ □
**dessiner**
(그림을) 그리다

Qu'est-ce que vous ____ ?
뭘 그리고 계신 거예요?
*dessiner는 펜이나 연필을 사용하여 색채 표현 없이 선으로 그림을 그리는 것을 말하고, peindre는 물감을 이용하여 그림을 그리는 것을 의미합니다.

433
□ □ □
**danser**
춤추다

Ils ____ une valse.
그들은 왈츠를 추고 있었다.

**Hint** 427 passe-temps 428 préféré 429 passé 430 libre 431 film 432 dessinez 433 dansent

434
camping
㊚ 캠핑, 야영

Nous allons faire du ______ une fois par mois.
우리는 한 달에 한 번 캠핑을 간다.

435
collecter
모으다, 수집하다

Elle ______ des chaussures.
그녀는 구두를 모은다.

436
photo
㊛ 사진

Nous avons pris beaucoup de ______ là-bas.
우리는 그곳에서 사진을 많이 찍었다.

437
loisir
㊚ 여가

J'ai peu de temps pour les ______.
나는 여가 시간이 거의 없다.

438
réparer
고치다

Il a ______ mon appreil photo.
그가 내 카메라를 고쳐 주었다.

439
concert
㊚ 콘서트, 음악회

J'ai deux billets pour le ______.
나에게 그 음악회 표가 두 장 있다.

440
faire de la randonnée
도보여행하다, 하이킹하다

J'aime ______ ______ ______ ______ et du surf.
나는 산행과 서핑을 좋아한다.

Hint 434 camping 435 collecte 436 photos 437 loisirs 438 réparé 439 concert 440 faire de la randonnée 441 joue 442 instrument de musique 443 résoudre 444 prendra soin

441 ☐☐☐ **jouer**
(악기를) 연주하다

Il ______ de la sonate de Mozart.
그는 모차르트의 소나타를 연주한다.

---

442 ☐☐☐ **instrument de musique**
남 악기

Jouez-vous d'un ______ ______ ______ ?
악기를 연주하세요?

---

443 ☐☐☐ **résoudre**
풀다, 해결하다

Je suis bon à ______ des énigmes.
저는 수수께끼를 잘 풀어요.

---

444 ☐☐☐ **prendre soin de**
~을 돌보다

Qui ______ ______ du chien ?
누가 개를 돌볼 거예요?

---

## 악기

guitare 여 기타

violon 남 바이올린

violoncelle 남 첼로

flûte 여 플루트

piano 남 피아노

tambour 남 드럼

trompette 여 트럼펫

saxophone 남 색소폰

## 플러스 단어

peinture 여 그림

spectacle 남 쇼, 공연

ballet 남 발레

opéra 남 오페라

comédie musicale 여 뮤지컬

théâtre 남 연극

créer 창작하다, 만들어내다

inventer 발명하다

maquette 여 모형, 모델

boulangerie 여 제빵, 빵집

jardinage 남 정원 가꾸기

sculpture 여 조각하기

escalade 여 암벽 타기

tricot 남 뜨개질하기

couture 여 바느질하기

faire un film 영화를 만들다

écrire un roman 소설을 쓰다

résoudre un casse-tête
퍼즐을 풀다

aller pêcher 낚시하러 가다

jouer à un jeu en ligne
온라인 게임을 하다

prendre une photo 사진을 찍다

faire origami 종이접기를 하다

travailler avec du bois
목공예를 하다

faire de la poterie 도자기를 빚다

faire voler un cerf-volant
연을 날리다

faire de la magie 마술을 하다

collecter des figures modèles
피규어를 수집하다

observer les étoiles 별을 관찰하다

organiser une fête 파티를 열다

faire de l'arrangement floral
꽃꽂이를 하다

## 1 다음 단어의 뜻을 적어 보세요.

1 concert ____________  2 dessiner ____________

3 préféré ____________  4 collecter ____________

5 passer ____________

6 faire de la randonnée ____________

## 2 다음 뜻을 프랑스어로 써 보세요.

1 사진 ____________  2 취미 ____________

3 ~를 돌보다 ____________  4 풀다, 해결하다 ____________

5 영화 ____________  6 캠핑, 야영 ____________

## 3 프랑스어와 우리말 뜻을 알맞게 연결해 보세요.

1 한가한 •  ① loisir

2 고치다 •  ② libre

3 악기 •  ③ instrument de musique

4 여가 •  ④ réparer

1 1. 콘서트, 음악회 2. (그림을) 그리다 3. 가장 좋아하는 4. 모으다, 수집하다 5. (시간을) 보내다 6. 도보여행하다, 하이킹하다 2 1. photo 2. passe-temps 3. prendre soin de 4. résoudre 5. film 6. camping 3 1. ② 2. ④ 3. ③ 4. ①

Jour 21

공부 순서 □ MP3 듣기 ➡ □ 단어 암기 ➡ □ 예문 빈칸 채우기 ➡ □ 단어암기 동영상

# 운동·스포츠

un football 축구

un baseball 야구

un basketball 농구

une natation 수영

un golf 골프

un marathon 마라톤

445 sport
남 운동, 스포츠
J'aime faire du ____ d'équipe.
나는 단체 운동을 하는 것을 좋아한다.

446 rejoindre
합류하다, 함께하다
Quand avez-vous ____ l'équipe ?
언제 그 팀에 합류했어요?

447 athlète
남 여 운동선수
Elle est ____ professionnelle.
그녀는 프로 선수이다.

448 jouer à
운동하다, 게임하다
On va ____ ____ basketball.
농구 한 게임 하자.

449 courir
달리다, 뛰다
____ aussi vite que possible.
최대한 빨리 달리세요.

450 encourager
응원하다
Tout le monde l'____ vivement.
모두가 그를 열광적으로 응원했다.

451 jeter
던지다
____ le ballon aussi fort que vous pouvez.
할 수 있는 한 힘껏 공을 던져 보세요.

Hint 445 sport 446 rejoint 447 athlète 448 jouer au 449 Courez 450 encourage 451 Jetez

452
- [ ] **équipe**
- [ ] 여 팀
- [ ]

Quelle ______ soutenez-vous ?
어느 팀을 응원하세요?

453
- [ ] **sauter**
- [ ] 점프하다, 뛰어오르다
- [ ]

Le danseur de ballet a ______ haut.
발레리나는 높이 점프했다.

454
- [ ] **frapper du pied**
- [ ] 발로 차다
- [ ]

Henri a ______ le ballon ______ ______.
앙리가 공을 찼다.

455
- [ ] **faire une course**
- [ ] 경주하다
- [ ]

On va ______ ______ ______.
우리 경주하자.

456
- [ ] **salle de gym**
- [ ] 여 체육관, 헬스클럽
- [ ]

Je vais à la ______ ______ ______ après le travail.
나는 퇴근 후에 헬스클럽에 간다.
★ gym = gymnastique

457
- [ ] **gagner**
- [ ] 이기다
- [ ]

Qui ______ ?
누가 이기고 있어요?

458
- [ ] **perdre**
- [ ] 지다
- [ ]

Ils ont ______ de trois points.
그들은 3점 차로 졌다.

**Hint** 452 équipe 453 sauté 454 frappé / du pied 455 faire une course 456 salle de gym 457 gagne 458 perdu 459 prix 460 compétition 461 victoire 462 serré 463 Félicitez

459

## prix

남 상, 상금

Quel est le montant du ______ ?

상금이 얼마예요?

460

## compétition

여 경쟁, 대회, 시합

Elle est venue la dernière à la ______ .

그녀는 시합에서 꼴찌로 들어왔다.

461

## victoire

여 승리

Vous êtes sûr de la ______ ?

승리를 자신하세요?

462

## serré(e)

아슬아슬한, 막상막하의

C'était un match ______ .

막상막하인 경기였다.

463

## féliciter

축하하다

______ -les pour moi.

그들에게 축하한다고 전해 주세요.

Tip

### 운동 경기

badminton 남 배드민턴

tennis 남 테니스

volley-ball 남 배구

hockey 남 하키

ski 남 스키

patinage 남 스케이트

boxe 여 권투

équitation 여 승마

## 플러스 단어

stade 남 주경기장, 스타디움

stade de baseball 남 야구장

champ 남 (축구장, 하키장 등) 필드

terrain (de tennis)
남 (테니스장, 농구장 등) 코트

piste 여 육상 경기장

patinoire 여 아이스링크

piscine 여 수영장

spectateur 관객

taper 손뼉 치다

applaudir 박수갈채하다

pom pom girl 여 치어리더

joueur 남 선수

arbitre 남 여 (축구, 농구, 권투 등의) 심판

(juge-)arbitre 남 여 (야구, 테니스 등의) 심판

équipement sportif 남 운동 장비

professionnel 프로; 프로의

amateur 남 아마추어; 아마추어의

participer ~에 참여하다

rivaliser 경쟁하다

tournoi 남 토너먼트, 승자 진출전

final 남 결승전

demi-finale 남 준결승전

jeux olympiques 남 복 올림픽

adversaire 남 여 적수, 상대

prendre la première place
1위를 차지하다

battre 이기다, 무찌르다

gagnant 남 승자

perdant 남 패자

médaille 여 메달

trophée 남 트로피

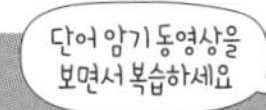

**1** 다음 단어의 뜻을 적어 보세요.

1 serré ___________
2 salle de gym ___________
3 rejoindre ___________
4 féliciter ___________
5 frapper du pied ___________
6 courir ___________

**2** 다음 뜻을 프랑스어로 써 보세요.

1 승리 ___________
2 경주하다 ___________
3 던지다 ___________
4 상, 상금 ___________
5 이기다 ___________
6 팀 ___________

**3** 프랑스어와 우리말 뜻을 알맞게 연결해 보세요.

1 운동선수 • ① compétition
2 지다 • ② perdre
3 응원하다 • ③ encourager
4 경쟁, 대회 • ④ athlète

**1** 1. 아슬아슬한, 막상막하의 2. 체육관, 헬스클럽 3. 합류하다, 함께하다 4. 축하하다 5. 발로 차다 6. 달리다, 뛰다 **2** 1. victoire 2. faire une course 3. jeter 4. prix 5. gagner 6. équipe **3** 1. ④ 2. ② 3. ③ 4. ①

Jour 22

공부 순서 □ MP3 듣기 ➡ □ 단어 암기 ➡ □ 예문 빈칸 채우기 ➡ □ 단어암기 동영상

# 컴퓨터·인터넷

MP3를 들어보세요

**un ordinateur de bureau** 탁상용 컴퓨터

**un ordinateur portable**
노트북 컴퓨터

**un réseau**
네트워크

**un fichier**
파일

**cliquer**
클릭하다

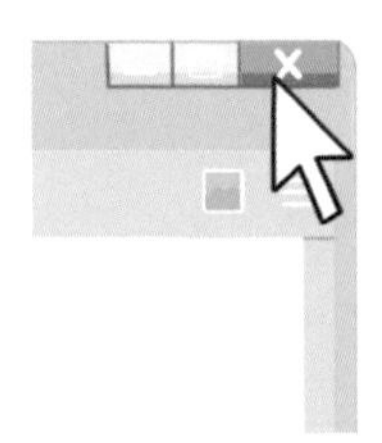

**pointer**
가리키다

464 ordinateur
(남) 컴퓨터

J'ai besoin d'un nouvel ______.
새 컴퓨터가 필요해요.

465 allumer
~을 켜다

L'imprimante est ______ ?
프린터는 켜 있는 거예요?

466 données
(여)(복) 데이터

Est-ce que les ______ sont correctes ?
데이터는 정확한 거예요?

467 télécharger
(파일을) 다운로드하다, 내려받다

Je voudrais ______ cette chanson.
이 노래를 내려받고 싶다.

468 programme
프로그램

Il n'a pas mis à jour ce ______.
그는 이 프로그램을 업데이트하지 않았다.
(=) logiciel

469 cliquer
(마우스를) 클릭하다

______ sur cette icône.
이 아이콘을 클릭하세요.

470 fichier
(남) 파일

J'ai oublié de joindre le ______.
파일을 첨부한다는 걸 깜빡했어요.

Hint 464 ordinateur 465 allumée 466 données 467 télécharger 468 programme 469 Cliquez 470 fichier

471
☐ ☐ ☐
## document
(남) 문서

Enregistrez le ______ sur votre lecteur USB.
문서를 USB 드라이브에 저장해 두세요.

---

472
☐ ☐ ☐
## supprimer
삭제하다, 지우다

Oh là là ! J'ai mal ______ le fichier.
이런! 파일을 잘못 지웠어요.

---

473
☐ ☐ ☐
## sauvegarder
예비 사본을 만들다

Assurez-vous de ______ tous vos fichiers.
파일은 전부 예비 사본을 꼭 만들어 두세요.

---

474
☐ ☐ ☐
## installer
설치하다

Avez-vous ______ l'application Kakaotalk ?
카카오톡 앱은 설치했어요?

---

475
☐ ☐ ☐
## Internet
(남) 인터넷

Le test est effectué sur ______ .
그 시험은 인터넷으로 치러진다.

---

476
☐ ☐ ☐
## site Internet
(남) 웹 사이트

Pour plus d'informations, visitez notre ______ ______ .
정보가 더 필요하면 우리 웹 사이트를 방문해요.

---

477
☐ ☐ ☐
## accès
(남) 접속

Avez-vous ______ au réseau ?
그 네트워크에 접속할 수 있어요?

---

**Hint** 471 document 472 supprimé 473 sauvegarder 474 installé 475 Internet 476 site Internet 477 accès

478
☐ ☐ ☐
## recherche
여 검색

Faites une ________ sur 'virus'.
'virus'로 검색해 보세요.

479
☐ ☐ ☐
## information
여 정보

Où as-tu eu l'________ ?
어디에서 그 정보를 얻은 거예요?

480
☐ ☐ ☐
## wi-fi
남 와이파이

Un ________ gratuit est disponible ici?
여기서 무료 와이파이 쓸 수 있나요?

481
☐ ☐ ☐
## en ligne
온라인의, 온라인에서

Je fais habituellement les achats ____ ________.
나는 주로 온라인 쇼핑을 한다.

482
☐ ☐ ☐
## sécurité
여 보안, 안전

Pour plus de ________, filtrez le spam.
보안을 위해서 스팸 메일은 걸러내세요.

483
☐ ☐ ☐
## en temps réel
실시간의

Est-ce que c'est un jeu ____ ________ ________ ?
이것은 실시간 게임인가요?

484
☐ ☐ ☐
## droit d'auteur
남 저작권

Est-ce protégé par le ________ ________ ?
그것은 저작권이 있는 건가요?

**Hint** 478 recherche 479 information 480 wi-fi 481 en ligne 482 sécurité 483 en temps réel 484 droit d'auteur

# 플러스 단어

hors ligne 오프라인의, 오프라인에서

se connecter 로그인하다

éteindre ~을 끄다

entrer 입력하다

identifiant d'utilisateur 이용자 ID

mettre à jour 업데이트하다

télécharger (파일을) 올리다, 업로드하다

mise à niveau 여 업그레이드

annuler 실행을 취소하다, 원상태로 돌리다

moniteur 남 모니터

écran 남 스크린

clavier 남 키보드, 자판

souris sans fil 여 무선 마우스

scanner 남 스캐너

résolution 여 해상도

facile à utiliser 사용하기 편한

surfer sur Internet 인터넷 서핑을 하다

bloquer 먹통이 되다

glisser 드래그하다, 끌고 가다

enregistrer (파일을) 저장하다

démarrage 남 부팅, 시작

redémarrer 재시작하다

connecter 연결하다

déconnecter 연결을 끊다

signature numérique 여 전자 서명

filigrane 남 (저작권 보호를 위한) 워터마크

pirate 남 해커

virus 남 바이러스

défaillance du système 여 시스템 오류

pare-feu 남 방화벽

## 미니 테스트

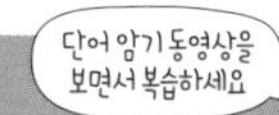

### 1 다음 단어의 뜻을 적어 보세요.

1 données ____________

2 sauvegarder ____________

3 en ligne ____________

4 fichier ____________

5 supprimer ____________

6 recherche ____________

### 2 다음 뜻을 프랑스어로 써 보세요.

1 ~을 켜다 ____________

2 실시간의 ____________

3 접속 ____________

4 (마우스를) 클릭하다 ____________

5 와이파이 ____________

6 문서 ____________

### 3 프랑스어와 우리말 뜻을 알맞게 연결해 보세요.

1 정보 •　　① installer

2 저작권 •　　② sécurité

3 보안, 안전 •　　③ droit d'auteur

4 설치하다 •　　④ information

1 **1.** 데이터 **2.** 예비 사본을 만들다 **3.** 온라인의, 온라인에서 **4.** 파일 **5.** 삭제하다, 지우다 **6.** 검색
2 **1.** allumer **2.** en temps réel **3.** accès **4.** cliquer **5.** wi-fi **6.** document
3 **1.** ④ **2.** ③ **3.** ② **4.** ①

Jour 23

공부 순서 □ MP3 듣기 ➡ □ 단어 암기 ➡ □ 예문 빈칸 채우기 ➡ □ 단어암기 동영상

# 전화·통신

485

- ☐ ☐ ☐ **téléphone**
  ⓝ 전화, 전화기

**Qui était au ______ ?**
누가 건 전화였어요?

486

- ☐ ☐ ☐ **(téléphone) portable**
  ⓝ 휴대 전화

**Mon ______ ______ a été soudainement mort.**
제 휴대 전화가 갑자기 먹통이 됐어요.

487

- ☐ ☐ ☐ **appeler**
  전화하다

**______-moi quand tu veux.**
언제든 전화 주세요.
⊜ téléphoner

488

- ☐ ☐ ☐ **parler**
  말하다

**Avec qui voulez-vous ______ ?**
누구랑 통화하고 싶으세요?

489

- ☐ ☐ ☐ **texto**
  문자

**Envoyez-moi un ______ , quand vous y arrivez.**
거기 도착하면 문자 보내세요.
⊜ SMS

490

- ☐ ☐ ☐ **numéro de téléphone**
  ⓝ 전화번호

**Quel est votre ______ ______ ______ ?**
전화번호가 몇 번이에요?

491

- ☐ ☐ ☐ **message**
  ⓝ 메시지

**Puis-je prendre votre ______ ?**
메시지를 남기시겠어요?

**Hint** 485 téléphone 486 (téléphone) portable 487 Appelez 488 parler 489 texto 490 numéro de téléphone 491 message

492
- [ ] - [ ] - [ ] **entendre**
듣다(들리다)

**Je vous ______ mal.**
목소리가 잘 안 들려요.

493
**rappeler**
다시 전화하다, 회답 전화하다

**Puis-je vous ______ plus tard ?**
나중에 전화 다시 드려도 될까요?

494
**contacter**
연락하다

**Veuillez me ______ à ce numéro.**
이 번호로 연락하세요.
★ contact 연락

495
**en contact**
연락하는

**Êtes-vous encore ______ ______ avec Hugo ?**
위고랑 아직도 연락해요?

496
**pourriel**
㊚ 스팸 (문자, 메시지)

**Je ne supporte pas le ______ .**
나는 스팸 문자가 정말 싫어.
㊀ spam

497
**courriel**
㊚ 이메일

**Avez-vous vérifié le ______ ?**
이메일 확인했어요?
㊀ courrier électronique ㊀ e-mail

498
**joindre**
첨부하다

**Téléchargez le document ______ .**
첨부된 문서를 다운로드하세요.

Hint 492 entends 493 rappeler 494 contacter 495 en contact 496 pourriel 497 courriel 498 joint 499 réseaux sociaux 500 commentaire 501 blogueur 502 message 503 communication

499

☐ ☐ ☐

## réseaux sociaux

남 복 소셜 미디어

**Parfois, je prends des informations utiles à travers les ________ ________.**

가끔 소셜 미디어를 통해 유용한 정보를 얻곤 한다.

500

☐ ☐ ☐

## commentaire

남 댓글

**Laissez un ________ sur ma photo.**

내 사진에 댓글 남겨 주세요.

501

☐ ☐ ☐

## blogueur

블로거

**Marion est un puissant ________.**

마리옹은 파워 블로거예요.

502

☐ ☐ ☐

## (publier un) message

포스팅(하다)

**Merci pour ce ________ sur mon site.**

이렇게 친절한 포스팅을 해 주셔서 감사해요.

503

☐ ☐ ☐

## communication

여 의사소통, 연락

**SNS est devenu un moyen de ________ populaire.**

SNS는 인기 있는 의사소통 수단이 되었다.

Tip

### 전화 대화 필수 표현

**Je voudrais parler à Pierre ?** 피에르와 통화할 수 있을까요?

**C'est moi.** 저예요.

**Il est en ligne.** 그는 통화 중이에요.

**Qui est à l'appareil ?** 실례지만 누구세요?

**Vous vous trompez de numéro.** 전화 잘못 거셨어요.

## 플러스 단어

le téléphone sonne 전화가 울리다

répondre au téléphone 전화를 받다

décrocher le téléphone
전화를 받다, 수화기를 들다

parler au téléphone 전화 통화하다

raccrocher
전화를 끊다, 수화기를 내려놓다

facture téléphonique
여 전화요금 고지서

mort (전화가) 먹통인

occupé (전화가) 통화 중인

courrier vocal 남 음성 메시지

laisser un message 메시지를 남기다

téléphone à fil 남 유선 전화

smartphone 남 스마트폰

prendre contact avec ~와 연락하다

rester en contact avec
~와 계속 연락하다

perdre contact avec
~와 연락이 끊기다

compte de messagerie
남 이메일 계정

adresse e-mail 여 이메일 주소

pièce jointe 여 이메일 첨부 문서

envoyer un e-mail 이메일을 보내다

recevoir un e-mail 이메일을 받다

écrire un e-mail 이메일을 쓰다

lire un courriel 이메일을 읽다

vérifier le courriel 이메일을 확인하다

supprimer un courriel
이메일을 삭제하다

application 여 앱, 응용 프로그램

tweet 트위팅을 하다

blog 블로그

blogaholique 블로그 중독

vrai nom 남 실명

anonyme 남 익명(의)

# 미니 테스트

**1** 다음 단어의 뜻을 적어 보세요.

1 contacter ____________ 2 courriel ____________

3 parler ____________ 4 rappeler ____________

5 commentaire ____________ 6 pourriel ____________

**2** 다음 뜻을 프랑스어로 써 보세요.

1 메시지 ____________ 2 휴대 전화 ____________

3 전화번호 ____________ 4 블로거 ____________

5 연락하는 ____________ 6 첨부하다 ____________

**3** 프랑스어와 우리말 뜻을 알맞게 연결해 보세요.

1 듣다(들리다) • ① texto

2 의사소통, 연락 • ② entendre

3 문자 • ③ téléphone

4 전화, 전화기 • ④ communication

**1** 1. 연락하다 2. 이메일 3. 말하다 4. 다시 전화하다, 회답 전화하다 5. 댓글 6. 스팸 (문자, 메시지)
**2** 1. message 2. portable 3. numéro de téléphone 4. blogueur 5. en contact 6. joindre
**3** 1. ② 2. ④ 3. ① 4. ③

공부 순서 □ MP3 듣기 ➡ □ 단어 암기 ➡ □ 예문 빈칸 채우기 ➡ □ 단어암기 동영상

# 숫자와 시간

1 un

2 deux

3 trois

4 quatre

5 cinq

6 six

7 sept

8 huit

9 neuf

10 dix

## 숫자 익히기

| 11~19 | 11 | 12 | 13 | 14 |
|---|---|---|---|---|
| | onze | douze | treize | quatorze |
| 15 | 16 | 17 | 18 | 19 |
| quinze | seize | dix-sept | dix-huit | dix-neuf |

| 10단위 | 10 | 20 | 30 | 40 |
|---|---|---|---|---|
| | dix | vingt | trente | quarante |
| 50 | 60 | 70 | 80 | 90 |
| cinquante | soixante | soixante-dix | quatre-vingts | quatre-vingt-dix |

| 100단위 | 100 | 200 | 300 | 400 |
|---|---|---|---|---|
| | cent | deux cents | trois cents | quatre cents |
| 500 | 600 | 700 | 800 | 900 |
| cinq cents | six cents | sept cents | huit cents | neuf cents |

- mille 1,000(천)
- dix mille 10,000(만)
- cent mille 100,000(십만)
- un million 1,000,000(백만)
- dix millions 10,000,000(천만)
- cent millions 100,000,000(일억)
- un milliard 1,000,000,000(십억)
- dix milliards 10,000,000,000(백억)
- cent milliards 100,000,000,000(천억)
- mille milliards 1,000,000,000,000(일조)

## 서수 읽기

1

**premier(ère)**
첫 번째의

2

**deuxième / second(e)**
두 번째의

3

**troisième**
세 번째의

4

**quatrième**
네 번째의

5

**cinquième**
다섯 번째의

6

**sixième**
여섯 번째의

7

**septième**
일곱 번째의

8

**huitième**
여덟 번째의

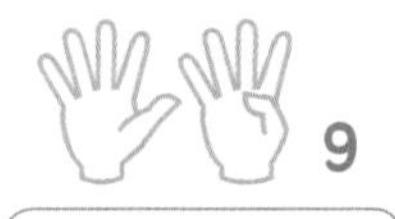

9

**neuvième**
아홉 번째의

10

**dixième**
열 번째의

11

**onzième**
열한 번째의

12

**douzième**
열두 번째의

13

**treizième**
열세 번째의

14

**quatorzième**
열네 번째의

15

**quinzième**
열다섯 번째의

16

**seizième**
열여섯 번째의

17

**dix-septième**
열일곱 번째의

18

**dix-huitième**
열여덟 번째의

19

**dix-neuvième**
열아홉 번째의

20

**vingtième**
스무 번째의

combien (de) 몇 개의

nombreux 수많은

nombre 남 숫자, 개수

nombre impair 남 홀수

nombre pair 남 짝수

nombre arrondi
남 끝자리가 0으로 끝나는 수

nombre positif 남 양수

nombre négatif 남 음수

chiffre porte-bonheur /
numéro de la chance 남 행운의 숫자

compter 세다

calcul 남 계산

calculatrice 여 계산기

additionner 더하다

soustraire 빼다

multiplier 곱하다

diviser 나누다

un nombre de (개수가) 많은

le nombre de ~의 수

① 일반적인 숫자는 **cent, mille, million, milliard** 단위로 끊어 말합니다.

**3 400 trois mille quatre cents**

**2 508 000 deux millions cinq cent huit mille**

② 가격은 **euro(s), centime(s)**를 붙여 말합니다.

**69,99 € soixante-neuf euros quatre-vingt-dix-neuf centimes**

③ 프랑스의 전화번호는 항상 10자리로, 두 자리씩 끊어서 말합니다.

**06 45 34 56 78**

**zéro six quarante-cinq trente-quatre cinquante-six soixante-dix-huit**

# 시간 말하기

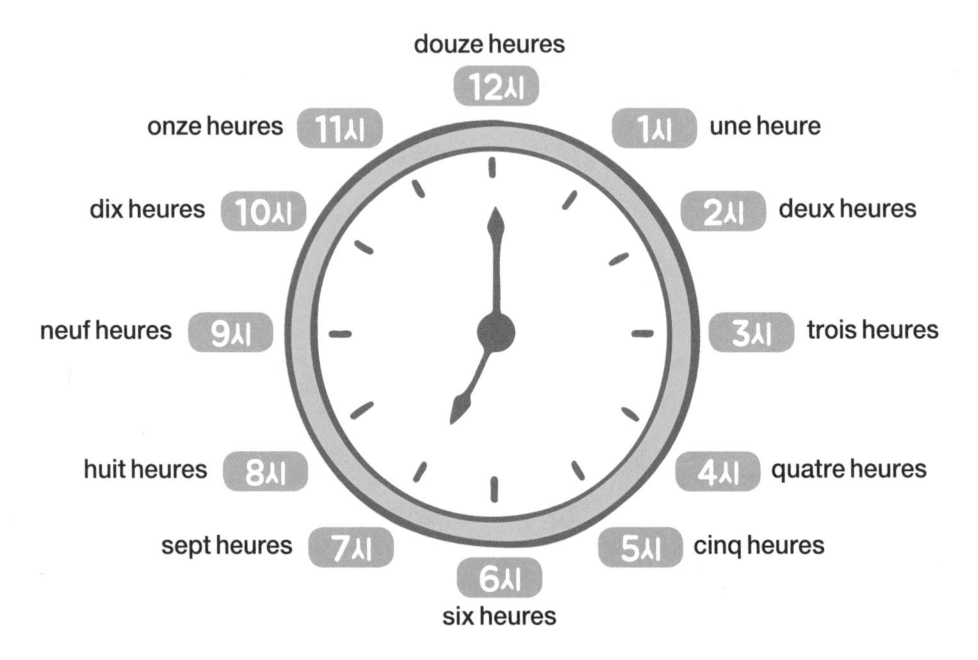

Il est huit heures cinquante.
Il est neuf heures moins dix.
지금은 8시 50분이다.

Il est trois heures quinze.
Il est trois heures et quart.
지금은 3시 15분이다.

# 플러스 단어

temps 남 시간

heure 여 시

minute 여 분

seconde 여 초

du matin 오전의

de l'après-midi 오후의

quelle heure 몇 시

quand 언제

et quart 15분

et demi(e) 30분, 반

passé / après ~지난

moins ~전

de bonne heure 이른, 일찍

en retard 늦은, 늦게

maintenant 지금

~ heures précises ~시 정각

à l'heure 정각에

en avance 제시간보다 일찍

ponctuel(le) 시간을 엄수하는

limite de temps 여 시간제한

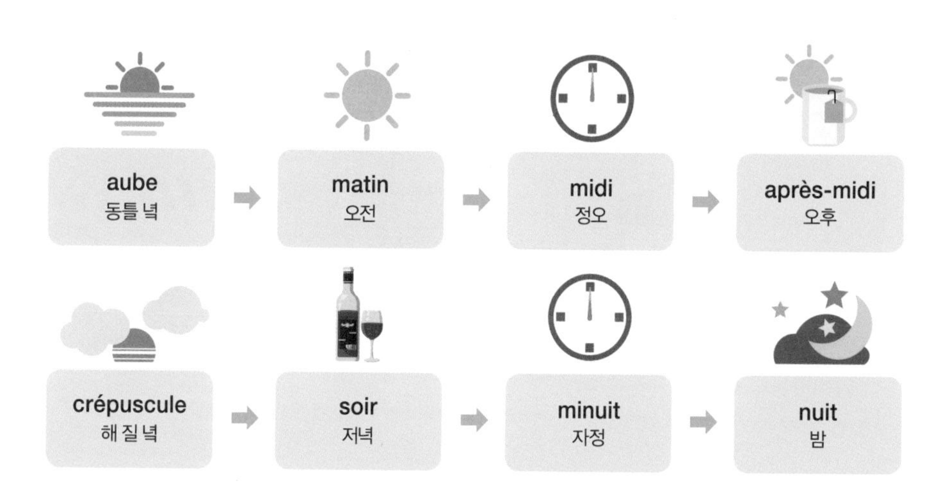

## Jour 25

공부 순서 □ MP3 듣기 ➡ □ 단어 암기 ➡ □ 예문 빈칸 채우기 ➡ □ 단어암기 동영상

# 방향과 위치

Le parc est derrière le bureau de poste.
공원은 우체국 뒤에 있다.

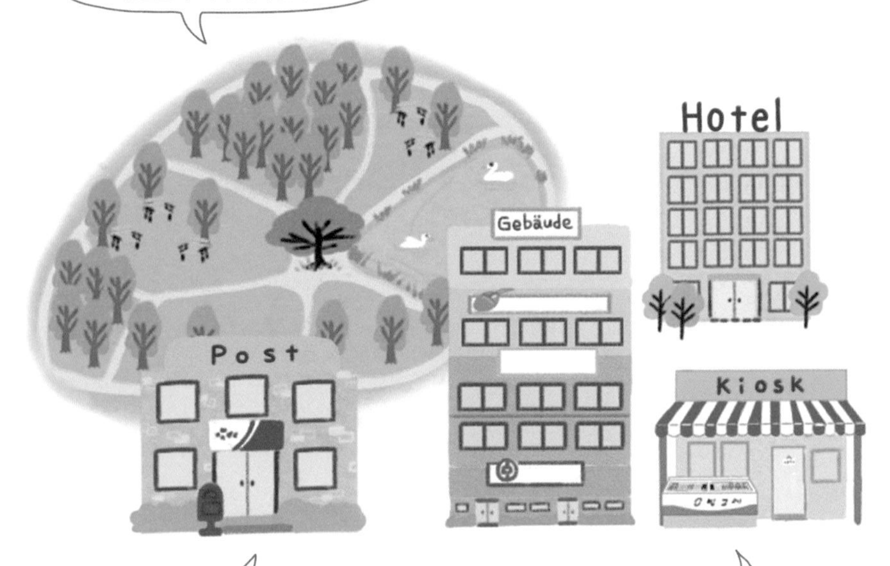


Le bureau de poste se trouve à côté du bâtiment.
우체국은 빌딩 옆에 있다.

La supérette se trouve devant l'hôtel.
편의점은 호텔 앞에 있다.

**sur** ~위에

**sous** ~밑에

**dans** ~안에

**à côté (de)** ~옆에

**devant** ~앞에

**derrière** ~뒤에

**à droite (de)** 오른쪽에

**à gauche (de)** 왼쪽에

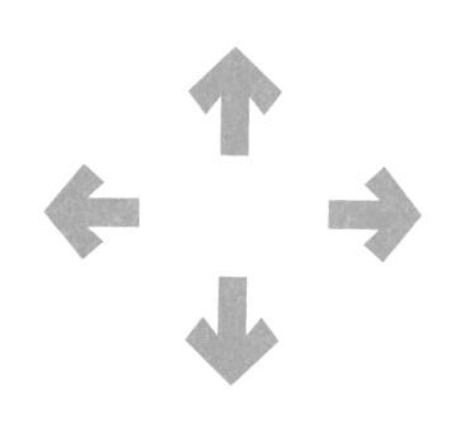

**direction** 방향

## 플러스 단어

ici 여기에

là / là-bas 저기에

autour ~주위에

loin de ~에서 멀리

près de ~에서 가까이

de l'autre côté ~의 건너편에

en face ~의 맞은편에

à travers ~을 통과하여

dedans 안에, 속에

dehors 바깥에

entre (둘) 사이에

parmi (셋 이상의) 사이에

en haut 위에

en bas 아래에

vers ~쪽으로

au bord de ~의 가장자리에

quelque part 어딘가에

partout 모든 곳에

nulle part 아무 곳에도, 어디에도 (아니다, 없다)

proche 가까운, 인접한

après ~을 지나

au coin de 모퉁이에

est 남 동쪽

ouest 남 서쪽

sud 남 남쪽

nord 남 북쪽

au milieu de ~의 가운데에

au-dessus de 그 위에

au-dessous de ~의 아래에

quelle direction 어느 쪽, 어느 방향

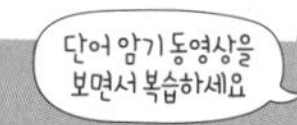

## 1 다음 단어의 뜻을 적어 보세요.

1 direction ____________　　2 à gauche ____________

3 derrière ____________　　4 à côté ____________

5 autour ____________　　6 dehors ____________

## 2 다음 뜻을 프랑스어로 써 보세요.

1 ~의 건너편에 ____________　　2 ~ 앞에 ____________

3 ~에서 가까이 ____________　　4 ~의 가운데에 ____________

5 (둘) 사이에 ____________　　6 모든 곳에 ____________

## 3 프랑스어와 우리말 뜻을 알맞게 연결해 보세요.

1 ~ 위에 •　　① sous

2 저기에 •　　② sur

3 남쪽 •　　③ là-bas

4 ~ 밑에 •　　④ sud

1 1. 방향　2. 왼쪽에　3. ~ 뒤에　4. ~ 옆에　5. ~ 주위에　6. 바깥에
2 1. de l'autre côté　2. devant　3. près de　4. au milieu de　5. entre　6. partout
3 1. ②　2. ③　3. ④　4. ①

Jour 26

공부 순서 □ MP3 듣기 ➡ □ 단어 암기 ➡ □ 예문 빈칸 채우기 ➡ □ 단어암기 동영상

# 날짜

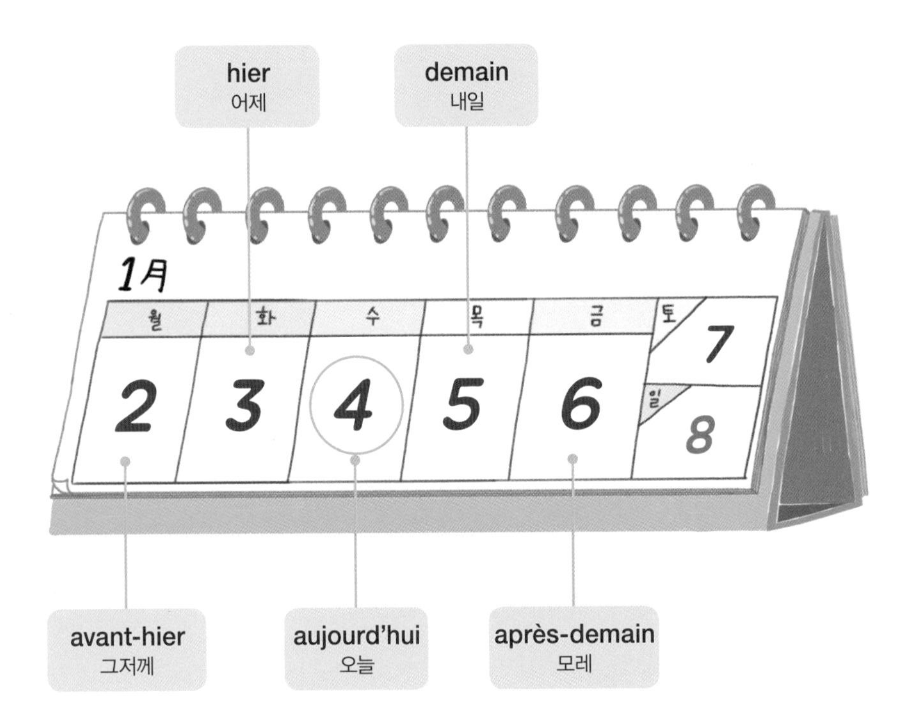

## 요일

lundi 월요일

mardi 화요일

mercredi 수요일

jeudi 목요일

vendredi 금요일

samedi 토요일

dimanche 일요일

## 1~12월

janvier 1월

février 2월

mars 3월

avril 4월

mai 5월

juin 6월

juillet 7월

août 8월

septembre 9월

octobre 10월

novembre 11월

décembre 12월

# 플러스 단어

siècle 남 세기

an 남 년

mois 남 달

semaine 여 주

date 여 날짜

quel jour 며칠

quel jour (de la semaine) 무슨 요일

l'année dernière 작년

cette année 올해

l'année prochaine 내년

il y a dix ans 10년 전

dans dix ans 10년 후

le mois dernier 지난달

ce mois-ci 이번 달

le mois prochain 다음 달

il y a deux semaines 지지난주

la semaine dernière 지난주

cette semaine 이번 주

la semaine prochaine 다음 주

dans deux semaines 다다음 주

jour de la semaine 평일

week-end / fin de semaine 주말

un jour (과거 · 미래의) 어느 날

l'autre jour 요전에, 며칠 전에

## 날짜 말하기

년도는 우리말처럼 말하고, 날짜는 우리말과 반대로 '(요일)›일›월›년'의 순서로 말합니다.

2019년 5월 15일 (수요일) **le (mercredi) 15 mai 2019**

**le (mercredi) quinze mai deux mille dix-neuf**

2000 **deux mille**

2008 **deux mille huit**

# 미니 테스트

## 1 다음 단어의 뜻을 적어 보세요.

1 jeudi ____________ 2 an ____________

3 avril ____________ 4 jour de la semaine ____________

5 demain ____________ 6 février ____________

## 2 다음 뜻을 프랑스어로 써 보세요.

1 수요일 ____________ 2 그저께 ____________

3 달 ____________ 4 8월 ____________

5 모레 ____________ 6 오늘 ____________

## 3 프랑스어와 우리말 뜻을 알맞게 연결해 보세요.

1 어제 • ① hier

2 11월 • ② date

3 토요일 • ③ novembre

4 날짜 • ④ samedi

1 1. 목요일 2. 년 3. 4월 4. 평일 5. 내일 6. 2월
2 1. mercredi 2. avant-hier 3. mois 4. août 5. après-demain 6. aujourd'hui
3 1. ① 2. ③ 3. ④ 4. ②

Jour 27

공부 순서 □ MP3 듣기 ➡ □ 단어 암기 ➡ □ 예문 빈칸 채우기 ➡ □ 단어암기 동영상

# 일상생활 필수 동사

**marcher** 걷다

**parler** 말하다, 이야기하다

**s'asseoir** 앉다

**faire** 하다, 만들다

**donner** 주다

**ouvrir** 열다

504
□ □ □
**marcher**
걷다

Il ✎ ________ cinq kilomètres tous les jours.
그는 매일 5 km를 걷는다.

505
□ □ □
**parler**
말하다

A qui ________ -vous ?
누구한테 말하고 있는 거예요?

506
□ □ □
**s'asseoir**
앉다

Puis-je ________ à côté de vous ?
옆에 앉아도 되나요?

507
□ □ □
**rester**
(남아) 있다

________ en ligne.
한 줄로 서 주세요.

508
□ □ □
**avoir**
가지다, 가지고 있다

J' ________ des pièces de monnaie.
제게 동전이 좀 있어요.

509
□ □ □
**donner**
주다

Pouvez-vous me ________ ce verre ?
그 컵 좀 주실래요?

510
□ □ □
**faire**
만들다

________ une liste avant de faire du shopping.
쇼핑하기 전에 목록을 만드세요.

**Hint** 504 marche 505 parlez 506 m'asseoir 507 Restez 508 ai 509 donner 510 Faites

511
voir
보다

Avez-vous ______ qui c'était ?
누구였는지 봤어요?

512
ouvrir
열다

Pouvez-vous ______ ce pot ?
이 병 좀 열어 줄래요?

513
fermer
닫다

Elle a ______ les rideaux.
그녀는 커튼을 쳤다.

514
ramener
데려오다

Merci de la ______ à la maison.
그녀를 집에 데려와 주셔서 감사해요.

515
prendre
가져가다

N'oubliez pas de ______ un parapluie.
우산 가져가는 거 잊지 마세요.

516
vouloir
원하다

Faites tout ce que vous ______.
원하는 것을 다 하세요.

517
penser
생각하다

Je ne ______ pas que ce soit vrai.
그것이 사실이라고 생각하지 않아요.

Hint 511 vu 512 ouvrir 513 fermé 514 ramener 515 prendre 516 voulez 517 pense

518
☐ ☐ ☐ **utiliser**
사용하다

C'est plus facile à ______.
이것이 사용하기가 더 쉬워요.

519
☐ ☐ ☐ **montrer**
보여 주다

Pouvez-vous me ______ un autre?
다른 것을 보여 주시겠어요?

520
☐ ☐ ☐ **avoir besoin de**
필요로 하다

Nous ______ ______ ______ plus de temps.
시간이 더 필요해요.

521
☐ ☐ ☐ **aider**
돕다

Laissez-moi vous ______.
제가 도울게요.

522
☐ ☐ ☐ **commencer**
시작하다

______ lorsque vous êtes prêt.
준비되면 시작하세요.

523
☐ ☐ ☐ **arrêter**
멈추다, 멈춰 서다

______ de parler.
조용히 하세요.

524
☐ ☐ ☐ **trouver**
찾다

Je ne peux pas ______ la clé de ma voiture.
자동차 열쇠를 못 찾겠어요.

**Hint** 518 utiliser 519 montrer 520 avons besoin de 521 aider 522 Commencez 523 Arrêtez 524 trouver

525

- [ ] **toucher**
- [ ] 만지다
- [ ]

Ne le ______ pas.
그것을 만지지 마세요.

526

- [ ] **emprunter**
- [ ] 빌리다
- [ ]

Puis-je ______ ta voiture ?
자동차 좀 빌려도 될까요?

527

- [ ] **prêter**
- [ ] 빌려 주다
- [ ]

Pouvez-vous me ______ 100 € ?
100유로를 빌려 주실래요?

528

- [ ] **casser**
- [ ] 부수다, 부서지다
- [ ]

Mes lunettes étaient ______ en tombant.
넘어지는 바람에 안경이 부서졌어요.

529

- [ ] **finir**
- [ ] 끝내다, 끝나다
- [ ]

Il a ______ de laver son chien.
그는 개를 씻기는 것을 끝냈다.

530

- [ ] **se souvenir de**
- [ ] 기억하다
- [ ]

Je ne ______ ______ pas ______ son nom.
그의 이름이 기억나지 않아요.

531

- [ ] **oublier**
- [ ] 잊다, 깜빡하다
- [ ]

J'ai ______ d'avoir du lait.
우유를 가져온다는 걸 깜빡했네요.

**Hint** 525 touchez 526 emprunter 527 prêter 528 cassées 529 fini 530 me souviens / de 531 oublié

## 미니 테스트

**1** 다음 단어의 뜻을 적어 보세요.

1 emprunter ____________

2 prendre ____________

3 finir ____________

4 oublier ____________

5 voir ____________

6 casser ____________

**2** 다음 뜻을 프랑스어로 써 보세요.

1 사용하다 ____________

2 빌려 주다 ____________

3 찾다 ____________

4 주다 ____________

5 말하다 ____________

6 필요로 하다 ____________

**3** 프랑스어와 우리말 뜻을 알맞게 연결해 보세요.

1 만지다 • ① marcher

2 기억하다 • ② montrer

3 걷다 • ③ se souvenir de

4 보여 주다 • ④ toucher

**1** 1. 빌리다 2. 가져가다 3. 끝내다, 끝나다 4. 잊다, 깜빡하다 5. 보다 6. 부수다, 부서지다
**2** 1. utiliser 2. prêter 3. trouver 4. donner 5. parler 6. avoir besoin de
**3** 1. ④ 2. ③ 3. ① 4. ②

Jour 28

공부 순서 □ MP3 듣기 ➡ □ 단어 암기 ➡ □ 예문 빈칸 채우기 ➡ □ 단어암기 동영상

# 자주 쓰이는 형용사, 부사

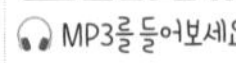

grand 큰 ↔ petit 작은

beaucoup 많이 ↔ un peu 적은

long 긴 ↔ court 짧은

haut 높은 ↔ bas 낮은

532
- bien
- 잘, 좋게

Amusez-vous ______ .
좋은 시간 보내세요.

533
- mauvais(e)
- 나쁜, 안 좋은

J'ai une ______ nouvelle pour vous.
당신한테 안 좋은 소식이 있어요.

534
- fort(e)
- 힘센

Vous êtes plus ______ que moi.
당신이 나보다 힘이 더 세잖아요.

535
- vite
- 빨리

Que le temps passe ______ ?
얼마나 빨리 여기로 올 수 있어요?

536
- facile
- 쉬운

Étudier à l'étranger n'est pas ______ .
해외 유학은 쉽지 않다.

537
- difficile
- 어려운

Les questions d'examen étaient ______ ?
시험 문제가 어려웠어요?

538
- utile
- 유용한

Voici des conseils ______ pour vous.
여기 당신에게 유용한 조언이 있다.

Hint 532 bien 533 mauvaise 534 fort 535 vite 536 facile 537 difficiles 538 utiles

539 **bon**

옳은

(여) bonne

<B> est la ______ réponse.

B번이 정답이에요.

---

540 **gros(se)**

거대한, 뚱뚱한

Il n'aime pas être ______.

그는 뚱뚱해지고 싶어 하지 않는다.

---

541 **beau**

멋진

(여) belle

Elle a une ______ maison.

그녀는 멋진 집을 가지고 있다.

---

542 **long**

긴

(여) longue

C'était une ______ semaine.

긴 한 주였다.

---

543 **court(e)**

짧은

Nous sommes allés faire une ______ promenade.

우리는 짧은 산책을 하러 갔다.

---

544 **trop**

지나치게, 너무

Il est ______ sombre pour voir quelque chose.

너무 어두워서 아무것도 안 보여요.

---

545 **grave**

심각한

C'est très ______.

매우 심각합니다(위중합니다).

---

**Hint** 539 bonne 540 gros 541 belle 542 longue 543 courte 544 trop 545 grave

546
- [ ]
- [ ]
- [ ]

**beaucoup**
많이 (+ 명사, 동사)

Je n'ai pas ______ d'amis.
나는 친구가 많지 않아요.

547

**très**
매우, 아주 (+ 형용사, 부사)

C'est ______ cher.
아주 비쌉니다.

548

**petit**
작은, 어린

C'est mon ______ frère.
그는 내 남동생이에요.

549

**intelligent(e)**
영리한, 똑똑한

Elle une étudiante ______.
그녀는 똑똑한 학생이다.

550

**plein(e)**
가득 찬

Le réservoir de gaz est ______.
연료통은 가득 차 있어요.

551

**sympa(thique)**
상냥한, 기분 좋은

C'est un endroit ______.
기분 좋은 곳이다.

552

**dangereux**
위험한
여 dangereuse

Il est ______ de jouer avec le feu.
불장난은 위험하다.

Hint 546 beaucoup 547 très 548 petit 549 intelligente 550 plein 551 sympa(thique) 552 dangereux

553 ☐☐☐ **spécial(e)**
특별한

**Vous êtes très ______ pour moi.**
당신은 나에게 아주 특별해요.

554 ☐☐☐ **même**
같은

**Nous avons les ______ vêtements.**
우리는 같은 옷을 입고 있다.

555 ☐☐☐ **différent(e)**
다른

**Les choses sont ______ maintenant.**
지금은 상황이 달라졌다.

556 ☐☐☐ **important(e)**
중요한

**Il n'y a rien d'______.**
중요한 것은 없다.

557 ☐☐☐ **vrai(e)**
사실인, 맞는

**Est-ce ______ ?**
그게 사실이에요?

558 ☐☐☐ **mal**
나쁘게, 좋지 않게

**Je me sens ______.**
컨디션이 안 좋아요.

559 ☐☐☐ **nul(le)**
형편없는, 엉성한

**L'histoire était ______.**
스토리가 엉성했어요.

**Hint** 553 spécial 554 mêmes 555 différentes 556 important 557 vrai 558 mal 559 nulle

## 자주 쓰는 부사

| | | | |
|---|---|---|---|
| très | 아주, 매우 | juste | 막, 단지, 딱 |
| presque | 거의 | bien | 잘, 매우, 대단히 |
| si | 그렇게, 아주 | seulement | 단지, 오직 ~만 |
| vraiment | 정말로 | très bien | 매우 잘 |
| toujours | 항상, 늘 | un peu | 조금, 약간 |
| assez | 꽤, 상당히 | beaucoup | 많이 |
| souvent | 종종, 자주 | dur | 세게, 열심히 |
| plutôt | 오히려, 상당히 | déjà | 벌써, 이미 |
| parfois | 가끔, 때때로 | de bonne heure | 일찍 |
| aussi | 역시, 또한 | pas encore | 아직 |
| en général | 주로, 대개 | vite | 빨리, 빠르게 |
| non plus | ~도 또한 ...이 아니다 | jamais | 절대 ~ 아닌, 한 번도 ~ 안 한 |
| encore | 또, 또다시, 아직도, 여전히 | plus maintenant | 더 이상 ~ 아닌 |
| probablement | 아마도, 십중팔구는 | | |
| bientôt | 곧 | | |
| peut-être | 어쩌면, 아마도 | | |

## 자주 쓰는 연결어

| | |
|---|---|
| et | 그리고, ~와 |
| car | 왜냐하면 |
| mais | 그러나, 하지만 |
| depuis | ~한 이후로 |
| toutefois | 그러나, 하지만 |
| ou | 또는, 혹은 |
| alors | 그래서, 그러므로 |
| autrement | 그렇지 않으면 |
| donc | 따라서, 그러므로 |
| c'est pourquoi | 그래서 |
| ainsi | 그리하여, 따라서 |
| si | 만약 |
| ensuite | 그 다음에 |
| même si | 설사 ~일지라도 |
| bien que | 비록 ~일지라도 |
| premièrement | 첫째, 첫째로 |
| deuxièmement | 둘째, 둘째로 |
| quand | ~할 때 |
| dernièrement | 마지막으로 |
| tandis que | ~하는 동안, 반면에 |
| par exemple | 예를 들어 |
| jusqu'à | ~할 때까지 |
| par conséquent | 그 결과 |
| après | ~ 후에 |
| en effet | 사실 |
| avant | ~ 전에 |
| en bref | 간단히 말해서 |
| comme | ~ 때문에 |
| puis | 그런 다음, 그러고 나서 |
| une fois que | ~하자마자, 일단 ~하면 |

## 미니 테스트

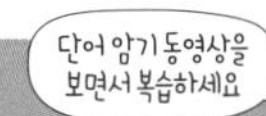

### 1 다음 단어의 뜻을 적어 보세요.

1 différent ______________ 2 bien ______________

3 beaucoup ______________ 4 nul ______________

5 plein ______________ 6 trop ______________

### 2 다음 뜻을 프랑스어로 써 보세요.

1 멋진 ______________ 2 작은, 어린 ______________

3 중요한 ______________ 4 긴 ______________

5 특별한 ______________ 6 사실인, 맞는 ______________

### 3 프랑스어와 우리말 뜻을 알맞게 연결해 보세요.

1 나쁘게, 좋지 않게 • ① grave

2 심각한 • ② dangereux

3 위험한 • ③ mal

4 상냥한 • ④ sympa(thique)

1 1. 다른 2. 잘, 좋게 3. 많이 4. 형편없는, 엉성한 5. 가득 찬 6. 지나치게, 너무
2 1. beau 2. petit 3. important 4. long 5. spécial 6. vrai
3 1. ③ 2. ① 3. ② 4. ④

Jour 29

공부 순서 □ MP3 듣기 ➡ □ 단어 암기 ➡ □ 예문 빈칸 채우기 ➡ □ 단어암기 동영상

# 자주 쓰이는 전치사구 표현

**en soldes** 세일 중인

**avec plaisir** 기꺼이

**par erreur** 실수로

**après le travail** 퇴근 후에

**d'abord** 우선

**en difficulté** 곤경에 처한

560

□ □ □

**avec plaisir**

기꺼이

J'accepte votre proposition _______ _______.

당신의 제안을 기꺼이 받아들이겠습니다.

---

561

□ □ □

**à pied**

걸어서

Ça prend une heure ___ _______.

걸어서 한 시간이 걸려요.

---

562

□ □ □

**en bus**

버스를 타고

Ils sont arrivés ___ _____.

그들은 버스를 타고 도착했다.

---

563

□ □ □

**à cause de**

~ 때문에

C'était très pénible ___ _______ ___ toi.

그것은 너 때문에 매우 고통스러웠다.

---

564

□ □ □

**grâce à**

~덕분에

Il va bien _______ ___ votre aide.

당신 덕분에 그는 잘 지냅니다.

---

565

□ □ □

**pour le moment**

지금으로서는, 당장은

Je ne peux pas vous répondre _______ ___ _______.

지금으로서는 대답을 드릴 수 없습니다.

---

566

□ □ □

**au lit**

침대에 누워 있는

Pourquoi vous n'êtes pas ___ _____ ?

왜 침대에 누워 있지 않니?

---

**Hint** 560 avec plaisir 561 à pied 562 en bus 563 à cause de 564 grâce à 565 pour le moment 566 au lit

567

# en soldes
세일 중인

Ces sacs sont _____ _____ ?
이 가방들은 세일 중인가요?

568

# après le travail
퇴근 후에

Qu'est-ce que vous allez faire _____ _____ _____ ?
퇴근 후에 뭐 할 거예요?

569

# en espèces
현금으로

Je paierai _____ _____ .
현금으로 낼게요.

570

# par carte
카드로

Je peux payer _____ _____ ?
카드로 계산할 수 있나요?

571

# à ce moment-là
그때, 그 당시에

_____ _____ _____ , tout s'est arrêté.
그때 모든 것이 정지했다.

572

# pour affaires
사업 차, 출장으로

Il est allé à Londres _____ _____ .
그는 런던으로 출장을 갔다.

573

# en difficulté
곤경에 처한

Son entreprise est _____ _____ .
그의 회사는 곤경에 처해 있다.

Hint 567 en soldes 568 après le travail 569 en espèces 570 par carte 571 À ce moment-là 572 pour affaires 573 en difficulté

574
☐ ☐ ☐

**en détail**

자세히

Dites-moi plus ___ ___.

더 자세히 얘기해 보세요.

575
☐ ☐ ☐

**au téléphone**

통화 중인, 전화로

Elle est ___ ___.

그녀는 통화 중이에요.

576
☐ ☐ ☐

**d'abord**

우선

___, je prends une salade de tomates.

우선, 토마토 샐러드를 먹겠습니다.

577
☐ ☐ ☐

**tout de suite**

즉시

Partez ___ ___ ___.

즉시 떠나세요.

578
☐ ☐ ☐

**à partir de**

~부터

Le film commence ___ ___ ___ quand ?

영화는 언제부터 시작합니까?

579
☐ ☐ ☐

**jusqu'à**

~까지

Il dure ___ quand ?

언제까지 지속됩니까?

580
☐ ☐ ☐

**par hasard**

우연히

On s'est rencontrés ___ ___ à Paris.

우리는 우연히 파리에서 만났다.

**Hint** 574 en détail 575 au téléphone 576 D'abord 577 tout de suite 578 à partir de 579 jusqu'à 580 par hasard

581

☐ ☐ ☐

## en vacances

휴가 차, 휴가 중에

Il est ___ ___ à Hawaï.

그는 하와이에서 휴가를 보내고 있다.

---

582

☐ ☐ ☐

## à l'esprit

마음속에

Avez-vous quelque chose de spécial ___ ___ ?

특별히 생각해 두신 게 있으세요?

---

583

☐ ☐ ☐

## de retard

일정보다 늦은

Nous avons trois jours ___ ___ .

일정보다 3일이 늦었어요.

---

584

☐ ☐ ☐

## de la part de

~대신에

Il vient ___ ___ ___ ___ son ami.

그의 친구대신 옵니다.

---

585

☐ ☐ ☐

## depuis longtemps

오랫동안

Je ne les ai pas vus ___ ___ .

그들을 오랫동안 만나지 못했어요.

---

586

☐ ☐ ☐

## en ordre

순서대로

Tous les fichiers sont ___ ___ .

모든 파일이 순서대로 있다.

---

587

☐ ☐ ☐

## par erreur

실수로

J'ai renversé le café ___ ___ .

실수로 커피를 쏟았어요.

---

**Hint** 581 en vacances 582 à l'esprit 583 de retard 584 de la part de 585 depuis longtemps 586 en ordre 587 par erreur

# 미니 테스트

**1** 다음 단어의 뜻을 적어 보세요.

1 en ordre ____________  2 tout de suite ____________

3 après le travail ____________  4 en détail ____________

5 à ce moment-là ____________  6 en vacances ____________

**2** 다음 뜻을 프랑스어로 써 보세요.

1 일정보다 늦은 ____________  2 ~부터 ____________

3 세일 중인 ____________  4 오랫동안 ____________

5 우연히 ____________  6 곤경에 처한 ____________

**3** 프랑스어와 우리말 뜻을 알맞게 연결해 보세요.

1 실수로 ·  ① à l'esprit

2 현금으로 ·  ② par erreur

3 ~까지 ·  ③ en espèces

4 마음속에 ·  ④ jusqu'à

**1** 1. 순서대로 2. 즉시 3. 퇴근 후에 4. 자세히 5. 그때, 그 당시에 6. 휴가 차, 휴가 중에
**2** 1. de retard 2. à partir de 3. en soldes 4. depuis longtemps 5. par hasard 6. en difficulté
**3** 1. ② 2. ③ 3. ④ 4. ①

Jour 30

공부 순서 □ MP3 듣기 ➡ □ 단어 암기 ➡ □ 예문 빈칸 채우기 ➡ □ 단어암기 동영상

# 자주 쓰이는 동사구 표현

**prendre des photos**
사진을 찍다

**organiser une réunion**
회의를 열다

**donner un coup de mai**
도움을 주다

**s'amuser**
재미있게 놀다

**prendre un bain**
목욕을 하다

**partir en vacances**
휴가를 가다

## prendre

**prendre de l'argent** 돈을 인출하다, 받다

**prendre du poids** 체중이 늘다

**prendre du temps** 시간이 걸리다

**prendre froid / un rhume**
감기에 걸리다

**prendre la température** 체온을 재다

**prendre le petit déjeuner** 아침을 먹다

**prendre un bain** 목욕을 하다

**prendre un billet** 표를 사다

**prendre un congé** 휴가를 얻다

**prendre un cours** 수업을 받다

**prendre un parapluie** 우산을 휴대하다

**prendre un taxi** 택시를 타다

**prendre un train** 기차를 타다

**prendre une chambre** 방을 빌리다

**prendre une citation** 인용하다

**prendre une date** 날짜를 정하다

**prendre une décision** 결정하다

**prendre une direction** ~방향으로 가다

**prendre une douche** 샤워하다

**prendre une note** 노트를 하다, 기록하다

**prendre une pause** 잠깐 쉬다

**prendre une photo** 사진을 찍다

**prendre une rue** ~길로 가다

faire 10 ans 기간이 10년 되다

faire 100 euros 100 유로이다

faire 100 kilomètres à l'heure
시속 100 킬로미터를 내다

faire 1 m 80 키가 1 미터 80이다

faire de la gymnastique
에어로빅을 하다

faire de la natation 수영을 하다

faire de son mieux 최선을 다하다

faire des courses 장을 보다

faire des études de ~ ~을 전공하다

faire du 38 치수가 38호다

faire du bateau 배를 타다

faire du bruit 잡음을 내다

faire du français 프랑스어를 공부하다

faire du piano 피아노를 치다

faire du ski 스키를 타다

faire du sport 운동을 하다

faire du tennis 테니스를 치다

faire du vélo 자전거를 타다

faire du yoga 요가를 하다

faire la cuisine 요리하다

faire la lessive 세탁하다

faire la vaisselle 설거지하다

faire le pain 빵을 만들다

faire les fruits 과일 장사를 하다

faire partie de ~의 일원이 되다

faire son devoir 숙제하다

faire un lit 잠자리를 정리하다

faire un voyage 여행을 하다

faire une promenade 산책하다

faire vieux 늙어 보이다

## avoir

**avoir accès à** ~에 접근하다

**avoir affaire à** ~에 용무가 있다

**avoir besoin de** 필요하다

**avoir bon cœur** 친절하다

**avoir bon goût** 맛있다

**avoir chaud** 덥다

**avoir de l'amitié** 우정을 느끼고 있다

**avoir de la chance** 운이 있다

**avoir de la fièvre** 열이 있다

**avoir des vacances** 휴가가 있다

**avoir envie de** ~ 하고 싶다

**avoir faim** 배고프다

**avoir froid** 춥다

**avoir la migraine** 편두통이 있다

**avoir le temps de ~** ~할 시간이 있다

**avoir les cheveux noirs** 검은 머리다

**avoir lieu** 일어나다, 벌어지다

**avoir mal à ~** ~가 아프다

**avoir peur** 무서워하다

**avoir raison** 옳다

**avoir soif** 목마르다

**avoir sommeil** 졸리다

**avoir tort** 그르다, 틀리다

**avoir un accident de voiture**
자동차 사고가 나다

**avoir un chapeau** 모자를 쓰고 있다

**avoir des enfants** 아이들이 있다

**avoir un probème** 문제가 있다

**avoir un rendez-vous**
진료, 상담 등의 약속이 있다

**avoir un rhume** 감기가 들다

**avoir une idée** 아이디어가 있다

**avoir une voiture** 자동차를 소유하다

# donner

**donner 50 euros à l'heure** 시간당 50 유로 임금을 주다

**donner à boire** 마실 것을 주다

**donner à manger** 먹을 것을 주다

**donner congé à** ~에게 휴가를 주다

**donner des enfants** 자녀를 낳다

**donner des informations** 정보를 제공하다

**donner la mort** 살해하다

**donner le signal** 신호를 주다

**donner les clés** 열쇠를 맡기다

**donner sa fille à** ~에게 시집 보내다

**donner sa parole** 약속하다

**donner soif** 목마르게 하다

**donner son avis** 의견을 제시하다

**donner son bras** 팔을 잡게 하다

**donner un cadeau** 선물하다

**donner un concert** 콘서트를 개최하다

**donner un conseil** 조언하다

**donner un coup de main** 도와주다

**donner un coup de pied** 발길질하다

**donner un cours** 수업을 하다

**donner un dîner** 디너파티를 열다

**donner un diplôme** 학위를 수여하다

**donner un exemple** 예를 들다

**donner un nom** 이름을 지어 주다

**donner un ordre** 명령을 내리다

**donner un visa** 비자를 발급하다

**donner une conférence** 강연하다

**donner une gifle** 뺨을 때리다

**donner une pièce de théâtre** 연극을 공연하다

**donner une prime** 보너스를 주다

## être

être 10 heures 10시다

être à l'aise 편하다

être à la mode 유행이다

être à table 식사 중이다

être à + 동사원형 ~할만하다, 해야 한다

être à + 사람 ~의 것이다

être âgé(e) 나이가 많다

être aimé(e) 사랑받다

être amoureux(se) de ~를 사랑하다

être bien 건강이 좋다

être contre 반대다

être d'ici 여기 출신이다

être dans l'édition 출판사에서 일하다

être de bonne humeur 기분이 좋다

être de mauvaise humeur
기분이 나쁘다

être de nuit 야근을 하다

être en forme 컨디션이 좋다

être en colère 화가 나 있다

être en congé / en vacances
휴가 중이다

être en fleur 꽃이 피어 있다

être en jean 청바지 차림이다

être en or 금으로 되어 있다

être en panne 고장 나다

être en train de ~ ~하는 중이다

être mal 건강이 나쁘다

être mal à l'aise 불편하다

être pour 찬성이다

être pour + 동사원형 막 ~하려 하다

être pur(e) 순수하다

être sur le point de ~ ~할 참이다

# 스피드 인덱스

## 가

## 나

## 아

## 차

## 카



## 타



## 파

## 하



## 기타